KB116485

빠른 독해의
지름길

문맥 순해

문맥 순해

지은이 김영로
펴낸이 임상진
펴낸곳 (주)넥서스

초판 1쇄 발행 2005년 1월 3일
초판 13쇄 발행 2010년 1월 15일

2판 1쇄 발행 2011년 1월 25일
2판 17쇄 발행 2023년 2월 15일

출판신고 1992년 4월 3일 제311-2002-2호
주소 10880 경기도 파주시 지목로 5
전화 (02)330-5500 팩스 (02)330-5555

ISBN 978-89-5797-465-0 13740

www.nexusbook.com

READ

빠른 독해의
지름길

영문독해 능력 향상의 핵심은 바로 직독직해

문맥 순해

김영로 지음

FAST!

넥서스

머리말

Preface

이 책은 다른 책들과 다르다

첫째, 이 책에 나오는 모든 영어 예문들은 우리나라 사람들이 영어를 터득하기 위해 반드시 파악해야 할 주요 사항이 담겨 있는 귀중한 자료다. 예문 하나하나를 대할 때마다 영어를 보는 여러분의 눈을 열어줄 열쇠로 생각하라. 그렇게 하면 그렇게 생각하지 않을 때보다 영어를 보는 눈이 훨씬 더 빨리 열릴 것이다.

둘째, 이 책에는 필요한 자료들이 체계적이고 집중적으로 다루어져 있으므로 그 분야에서 여러분의 눈이 뜨일 때까지 충분히 공부할 수 있다.

셋째, 이 책의 가장 큰 특징은 지금까지 아무도 시도한 적이 없는 참신하고 과학적인 방법으로 영어라는 숲의 구조—영어 문맥—를 철저히 파헤쳐 보여준다는 점이다.

다음을 해석해 보라

If you try to stop movement to return to stillness, the attempt makes even more agitation.

혹시 이 문장을 다음과 같이 해석하지 않았는가?

"만일 당신이 정지로 돌아가기 위해 운동을 중단하려고 하면, 그 시도는 더 많은 동요를 가져온다."

이렇게 해석하고 이 문장을 이해했다고 생각한다면, 그것은 오해다. 왜냐하면 당신은 문맥을 파악하지 못했기 때문이다. 여기에서 agitation은 movement를 바꿔 쓴 말이고, stillness는 이들의 반의어임을 알아야 문맥을 제대로 파악한 것이다. 그러므로 이 문장을 제대로 이해한 사람들은 다음과 같이 우리말로 옮길 것이다.

"만일 우리가 (마음의) 동요를 그만두고 안정(=동요가 없는 상태)으로 돌아가려고 하면, 그 시도 때문에 더 많은 동요가 일어난다."

위의 두 번역을 비교해 보면 문맥의 파악이 영어를 이해하는 데 얼마나 중요한지 잘 알 수 있을 것이다. 우리가 영어를 읽는다는 것은 영어의 문맥을 읽는다는 것과 같은 말이다.

"문맥을 보는 눈을 열어 주는 것"
이것이 곧 이 책의 목적이다!

공부란 모름지기 철저해야 한다. 하나를 배워 하나만 아는 데 그치는 것은 바람직한 공부가 아니다. 하나를 철저히 파악하여 비슷한 것은 물론, 그와 반대되는 것, 한 걸음 더 나아가서 어떤 면으로든 그와 관련 있는 모든 것을 볼 수 있는 눈을 기르는 것—이것이 바로 이상적인 학습이다.

이렇게 철저히 공부하고 나면

이 책에 나오는 760여개의 예문 중에서
50개 정도만 공부해도 영어의 문맥이 어떤 것인지 감이 잡히고,
100개 정도를 익히면 영어에 대한 자신감이 생기고,
200개 정도를 소화하면 영어 문맥의 구조가 훤히 보이기 시작한다.
1장을 보고 나면 영어를 읽다가 모르는 말을 만나도 두렵지 않고,
2장을 지나가면 아무리 어려운 부분을 만나도 막힘이 없어지고,
책을 모두 마치고 나면 영어의 반은 읽지 않고 지나갈 수 있게 되어,
독해 속도가 지금으로서는 당신이 상상도 할 수 없을 정도로 빨라질 것이다.

이 책을 만난 인연으로 당신의 공부하는 기쁨과 성장하는 기쁨이 더욱 더 커지길 바란다.

김영로

필자가 추천하는 영-영 사전들

- Longman Advanced American Dictionary: 용법 설명이 탁월하다.
  (초보자는 Longman Dictionary of American English를 보는 것이 좋다.)
- Collins Cobuild Advanced Learner's English Dictionary: 용법 설명이 훌륭하다.
- Webster's New World College Dictionary: 동의어와 어원 설명이 훌륭하다.

아무리 좋은 사전이라도 한 권만으로는 충분치 않다. 적어도 이들 세 권은 모두 갖고 있는 것이 좋다.

차례

Contents

1

모르는 부분을 만나면 이렇게 의미를 찾아라

비결❶ 지시어에 주목하라
비결❷ 관련어를 생각하라
비결❸ 자리를 살펴라 1 : 대상 = 설명
비결❹ 자리를 살펴라 2 : 비교의 대상
비결❺ 논리적인 접근방식

비결 ❶

지시어에 주목하라

지시어구는 he, its, his, her, their, this, these, that, those, another, other, such 등의 뒤에 명사가 붙어있는 말을 가리킨다.
지시어구(Y)는 앞에 나온 어떤 말(X)을 가리키므로 X=Y라는 공식이 성립된다.
그러므로 영어문장이나 구절을 읽을 때 X나 Y 둘 중에서 어느 하나의 뜻만 알면 다른 하나는 몰라도 된다.

지시어에 주목하라 01

1 The word "hospital" comes from the Latin for "guest," but seldom is **the** institution hospitable.

'병원' 이라는 단어는 '손님' 을 가리키는 라틴어에서 유래한 것이다. 그러나 병원이 손님들에게 친절하게 대하는 것은 드물다.

문맥 institution = hospital

문법 기본어순: the institution is **seldom** hospitable
강조어순: **seldom** is the institution hospitable

2 I'd conceived several times, but **the** pregnancies had ended in miscarriage.

나는 몇 차례 임신했었다. 그러나 그 임신들은 모두 유산됐다.

문맥 pregnancies = conceptions

3 She has been so deeply hurt (that) it may take forever for **the** wounds to heal.

그녀는 너무도 깊은 상처를 받아서 아마 아주 오랜 시간이 걸려야 그 상처들이 치유될 것이다.

문맥 wounds = hurts

4 He and his brother are not as alike as twins, but **the** resemblance is striking.

그와 그의 형(혹은 동생)은 쌍둥이처럼 닮지는 않았다. 그러나 닮은 점은 두드러진다.

문맥 resemblance = alikeness

NOTE

1 **the Latin (word) for** ~에 대한 라틴어
another word for = a synonym for ~에 대한 다른 말(동의어)
a name for ~에 대한 이름 an alias for ~에 대한 별명 an abbreviation for ~에 대한 약어/약자
a euphemism for ~에 대한 완곡한 표현 short for ~을 짧게 줄인 stand for ~을 나타내다/상징하다

EXERCISE 1

밑줄 친 부분과 문맥상 같은(혹은 반대) 말을 찾은 다음 전체의 뜻을 파악하라.

1 As parts of the world become uninhabitable, millions of people will try to migrate to more hospitable areas.

2 What obligation do the people who currently inhabit the globe owe those who will live on it 20 or 100 years from now?

3 How sad (it is) that so many women who don't want babies get pregnant and an equal number (of women) who would give anything to have a child are unable to conceive.

4 We do not hate those who injure us if they do not at the same time wound our self-love.

5 The wounds delivered in words can create far more permanent effects than physical trauma.

6 The loss of his family left him with mental and emotional scars every bit as horrendous as his physical injuries.

7 Refusing to give her ex-boyfriend the pleasure of knowing how upset she was, Elizabeth disguised the rage that swelled inside her.

NOTE

3. **would give anything** (뭐든지 줄 정도로) 간절히 바라다 (to want very much)

5. **deliver wounds** 상처를 가하다/주다
deliver/deal a blow to ~에게 일격을 가하다
deal a fatal blow to ~에게 치명타를 가하다

지시어에 주목하라 02

1 No matter how gratifying one aspect of life becomes, **its** satisfaction is limited.

인생의 한 면이 아무리 만족스럽더라도, 그것의 만족은 유한하다.

문맥 satisfaction = gratification (gratifying = satisfactory)

2 All orderly systems break down over time, but our bodies resist **this** decay extremely well.

모든 질서 있는 체계(조직체)는 시간이 흐르면 붕괴한다, 그러나 우리의 신체는 이러한 붕괴에 지극히 잘 저항한다.

문맥 decay = breaking down

3 Jack carefully picked up the decomposing paper, taking care not to further **its** deterioration.

Jack은 썩고 있는 서류를 조심스럽게 집어들었다, 그것의 부패를 촉진하지 않기 위해 조심했던 것이다.

문맥 deterioration = decomposition

모든 예문을 스승으로 대하라!

NOTE

❷ **break down** (깨어져서 내려가다) → 붕괴하다, 구성 요소로 분해되다 (to decay; decompose)
decay (아래로 떨어지다) 붕괴하다, 무너지다 → fall down (떨어져 내려가다) → 무너지다

❸ compose (한곳에 놓다) → 구성하다
decompose (아래로 구성하다) → 구성요소로 분해되다, 부패하다
deteriorate (아래로 더 떨어뜨리다) → 쇠퇴하다, 붕괴하다
further(adv.) 더 멀리
further(v.) (더 멀리 보내다) → 촉진하다 (to promote)

EXERCISE 2

밑줄 친 부분과 문맥상 같은(혹은 반대) 말을 찾은 다음 전체의 뜻을 파악하라.

1 The decline of most civilizations is attributed to a decay in morality.

2 Consumers have been told: anything that decomposes naturally is good and anything that does not is bad. But landfills are capped, inhibiting biodegradation of anything.

3 I try to remember to start my day thinking of someone to thank. To me, gratitude and inner peace go hand in hand. The more genuinely grateful I feel for the gift of my life, the more peaceful I feel.

4 "Marry me and your smallest wishes will always be fulfilled."
"I am able to do that myself. What I want is a man who will gratify my biggest wishes."

5 Not all promises are delivered in such epic proportions, but even the smallest ones deserve fulfillment.

6 Self-fulfilling prophecies may influence people's behavior in a way that makes the expectations come true.

7 A teacher's expectations tend to turn into self-fulfilling prophecies. If a teacher expects a child to get an A – or a D – either way, expectations tend to become realities.

NOTE

2. **cap**(v.) 모자를 씌우다, 꼭대기(표면)를 덮다
degrade (아래로 등급이 내려가다) → 구성요소로 분해되다, 썩다 (to decompose)

7. be a reality 현실이다 (상태 표현)
become a reality 현실이 되다, 실현되다 (자동 표현)
make ~ a reality ~을 현실로 만들다, 실현하다 (타동 표현)

지시어에 주목하라 03

❶ She looked exhausted, yet **her** weariness did not diminish her beauty.

그녀는 피곤해 보였다, 그러나 피곤이 그녀의 아름다움을 감소시키지는 않았다.

문맥 weariness = exhaustion

❷ My son is chronically late for everything. It has gotten so bad that he failed two subjects last term because of **his** tardiness.

우리 아들은 상습적으로 모든 일에 지각한다. 그것(지각하는 버릇)이 너무 심해져서 그 아이는 지난 학기에 지각 때문에 두 과목이나 낙제했다.

문맥 tardiness = lateness

❸ She was flat-chested, though an appealing suppleness compensated for **her** lack of amplitude.

그녀는 가슴이 납작했다, 비록 매력적인 유연함이 그녀의 납작한 가슴을 보충해 주었지만.

문맥 lack of amplitude = being flat-chested

❹ He was exceedingly small. Despite **his** diminutive stature, Walker was a great leader.

그는 지극히 작았다. 그의 아주 작은 키에도 불구하고 Walker는 큰(=위대한) 지도자였다.

문맥 diminutive stature = extreme smallness

NOTE

❶ minus (덜한) → 마이너스(-)
diminish (아래로 빼다) → 감소시키다 (to lessen; reduce)

❷ **chronically** (시간상으로 오래 지속되어) → 상습적으로 (habitually)

❸ **compensate for** ~에 대해 보상/보충해주다 (to make up for)

❹ minute(a.) (뺀) → 아주 작은 (very small; tiny)
diminutive (아래로 뺀) → 아주 작은 (very small; tiny)

EXERCISE 3

밑줄 친 부분과 문맥상 같은(혹은 반대) 말을 찾은 다음 전체의 뜻을 파악하라.

1 He began to see how tired she was. The more aware he became of her exhaustion, the more profoundly weary he felt himself.

2 He looked harried, more like a twenty-year-old student late to class than a sixty-year-old professor overdue for an appointment.

3 She seems to me to be so insecure – is it because of her diminutive size? She does not realize how attractive she is in spite of her tiny stature.

4 We went to the Midget Restaurant, a nearby sandwich joint which, despite its name, is not restricted to people of small stature.

5 He was a very clumsy dancer, trying to hide his ineptness by acting like a clown.

6 Rachel was gorgeous. But her beauty was not her only attribute. She was caring, perceptive, smart, and tough – not a common mix of qualities.

7 Some of us may be quite adept at handling our own anxiety but relatively inept at soothing someone else's upsets.

NOTE

2. **overdue** 기한이 지난, 늦은 (past due; late)
due (지불, 제출 등의) 기한이 된

6. attribute A to B A의 원인·성질 등을 B에게 속하는 것으로 보다
attribute(n.) 속성, 자질 (property; quality)

7. **be adept at** ~에 능하다 (be good at)
≠ be inept at ~에 능하지 않다 (be bad at)
= be weak at ~에 약하다

지시어에 주목하라 04

1 "I still don't see what you're getting so worked up about," Lila said, dismissing her friend's agitation.

"난 아직도 네가 뭣 때문에 그토록 동요되어 있는지 모르겠다"고 Lila가 말했다, 자기 친구의 동요를 일축하면서.

문맥 worked up = agitated

2 A timid child is more likely to overcome this natural inhibition if he has a higher level of social competence.

겁이 많은 아이는 이런 타고난 겁 많음을 극복할 가능성이 더 많다, 만일 그가 더 높은 수준의 사회적인 능력을 갖고 있으면.

문맥 natural inhibition = (natural) timidity

3 With all his egoism he is without an atom of affectation and it is this complete naturalness that makes him endurable.

이기적이지만 그는 조금도 가식이 없는데, 바로 이러한 완벽하게 가식없는 모습이 그를 봐줄만한 사람으로 만든다.

문맥 completely natural = without an atom of affectation

4 We tend to think alike. This conformity of thought maintains society's traditions on the one hand and perpetuates its misconceptions on the other.

우리들은 똑같이 생각하는 경향이 있다. 이러한 획일적인 사고가 한편으로는 사회의 전통을 유지하고 다른 한편으로는 사회의 그릇된 관념들을 지속시킨다.

문맥 conformity of thought = thinking alike

NOTE

3 **with all** (모든 ~을 갖고 있지만) → ~에도 불구하고 (for all; in spite of; despite)

an atom of affectation (원자처럼) 아주 적은 양의 가식

a shower of compliments 소나기처럼 쏟아지는 찬사

a world of difference 천지 차이

mountains of debts 산더미 같은 빚

fountains of sparks 분수처럼 쏟아지는 불꽃

daggers of jealousy 칼 같은 질투심

needles of pain 바늘처럼 찌르는 고통

EXERCISE 4

밑줄 친 부분과 문맥상 같은(혹은 반대) 말을 찾은 다음 전체의 뜻을 파악하라.

1 If you try to stop movement to return to stillness, the attempt makes even more agitation.

2 Very shy children tend to remain introverted, indicating they were born with a biological tendency to be inhibited.

3 Ordinarily, Alex was reluctant to talk about himself, even with close friends; curiously, in Joanna's company, these inhibitions dissolved.

4 Some individuals conform readily to their cultures; others rebel.

5 Another idea he had was that the best scientists were born irreverent. He believed that budding little prescientists tended to perform poorly in their earliest schooling because of a lack of interest in conformity.

6 He felt powerless, up against impossible odds. All his life he had been a man who took charge in a crisis. He had always been able to find solutions to even the most difficult problems. This new sense of impotence enraged him.

7 Once people start smoking, they are likely to get hooked. The addiction to smoking is partly physiological.

NOTE

5. **perform poorly** 잘 못하다 (성적이 안 좋다)
= do badly ≠ do well

6. be in charge 장악하고 있다 (상태 표현)
take charge 장악하다 (자동 표현)
put ~ in charge ~을 장악하게 하다 (타동 표현)

지시어에 주목하라 05

❶ The students will write brief summaries of scientific treatises, earning $250 for each **such** an abstract.

그 학생들은 과학 논문들에 관한 간단한 요약문을 쓰게 되는데, 그런 요약문 한 편에 250달러씩 받는다.

문맥 abstract = summary

❷ In American high schools, unlawful use of alcohol and tobacco far exceeds all **other** illicit substances.

미국의 고등학교에서는, 술과 담배의 불법적인(=법으로 허락하지 않는) 사용이 다른 모든 불법적인 물질(의 사용)을 훨씬 초과한다.

문맥 illicit = unlawful

❸ Times of plenty call for one kind of self-discipline; times of hardship call for **other** sorts of self-restraint.

풍요의 시기는 한 종류의 자제력을 요구하고, 궁핍의 시기는 다른 종류의 자제력을 요구한다.

문맥 self-restraint = self-discipline. sorts = kinds

❹ In traditional texts, Saturn is characterized as cold and distant, but he has **other** attributes.

전통적인 문헌에, Saturn의 특징은 냉정하고 초연한 것으로 기술되어 있다, 그러나 그는 다른 특징들도 갖고 있다.

문맥 attributes = characteristics

EXERCISE 5

밑줄 친 부분과 문맥상 같은(혹은 반대) 말을 찾은 다음 전체의 뜻을 파악하라.

1 He thought his pranks were amusing, but the others thought such tricks were irritating.

2 In line with other polls, the survey found that most journalists are liberals.

3 A mother's love for her own child differs from all other affections.

4 The treatment which is being tried by researchers at four hospitals, has helped patients who have failed to respond to other remedies.

5 Howard Gardner proposed that there was not just one, monolithic kind of intelligence that was crucial for life success, but a wide spectrum of intelligence, with seven key varieties.

6 About 100 varieties of rhinovirus exist. Catching one of these makes people immune to that particular bug. But they are susceptible to all other strains. That's why the average adult catches two or three colds a year.

7 I reminded myself that since Harry had surely dressed her down already, the last thing she needed was yet another scolding.

NOTE

7. 영어의 발상법

dress down (이끌어 내리다 (direct down)) → 깎아내리다, 꾸짖다, 비난하다
= call down (불러 내리다)
= decry (cry down)
= denounce (tell down)
= depreciate (가치를 깎아내리다)
→ look down on ~을 경멸하다 ≠ look up to ~을 존경하다

비결 ❷

관련어를 생각하라

By becoming physically relaxed, you can unwind mentally and emotionally.

위 예문에서 unwind의 의미를 결정해 주는 것은 become relaxed이다. 문맥 속에서 이 둘은 같은 것을 뜻한다.

신체적으로 긴장을 풀면 (조건)
정신적, 정서적으로도 긴장을 풀 수 있다. (결과)

그러므로 unwind = become relaxed이고, 이런 식으로 문맥을 짚으면서 관련어를 생각하면 모르는 단어도 그 의미를 추측할 수 있다.

관련어를 생각하라 01

❶ Even people who think they are sleeping enough would probably be better off with more rest.

자기가 잠을 충분히 잔다고 생각하는 사람들까지도 잠을 더 많이 자면 아마 몸이 더 좋아질 것이다.

화제 sleep

문맥 rest = sleep

❷ "Sleep well?" For many, the answer is no — even for those of us who think our slumber is good.

"잘 자니?" 많은 사람들에게, 이에 대한 대답은 '아니' 이다 — 잠을 잘 잔다고 생각하는 우리들에게까지도.

문맥 slumber = sleep
our slumber is good(= we slumber well) = we sleep well

❸ Much of emotional life is unconscious; feelings that stir within us do not always cross the threshold into awareness.

우리들의 감정의 대부분은 무의식적이다. 다시 말해, 우리들의 내부에 일어나는 감정들이 언제나 (무의식과 의식의) 경계를 넘어 의식 속으로 들어오는 것은 아니다.

화제 우리들의 감정

문맥 feelings = emotions
awareness(=consciousness) ≠ unconsciousness

NOTE

❶ well off (잘 떠나 있는) → (경제적으로 또는 정신적으로) 잘 지내는
better off 더 잘 지내는
comfortably off 안락하게 지내는
≠ badly off 잘 못 지내는
worse off 더 잘 못 지내는

EXERCISE 6

밑줄 친 부분과 문맥상 같은(혹은 반대) 말을 찾은 다음 전체의 뜻을 파악하라.

1 Even if unconsciousness had healed into ordinary sleep sometime during the previous night, he had been pretty much out of his head for forty-eight to sixty hours.

2 He won't die, but he'll be out for a while, and when he comes around he'll need medical attention.

3 He wasn't blind, thank God, but he was just passing out. He held desperately to consciousness. If he fainted, he might never wake.

4 One of mankind's common afflictions, as difficult to put up with as it is to treat, is insomnia. One survey suggests that perhaps half of all Americans over 15 years of age have complained about sleeplessness sometime during their lives.

5 They had put up with behavior from their son which they would not have tolerated from anyone else.

6 I call these latent or inactive self-aspects. What parts of yourself are so dormant that you did not even think of them?

7 If you're short on shut-eye because of insomnia, don't simply go to bed earlier. This only results in lousy sleep. Instead, decrease your slumber time by retiring later – when you're genuinely sleepy – and rising earlier.

NOTE

1. His unconsciousness **healed into** ordinary sleep.
   (그의 무의식은 치유되어 정상적인 잠 속으로 들어갔다.) → 그는 무의식에서 깨어나서 정상적으로 잠을 잤다.
2. **come around** (to one's senses) 의식이 돌아오다, 의식을 회복하다 (come to (one's senses))
   bring ~ around 의식이 돌아오게 하다 (bring ~ to (one's senses))
3. be out (of one's senses) 의식이 없다
   pass out (of one's senses) 의식을 잃다
   put ~ out (of one's senses) 의식을 잃게 하다

관련어를 생각하라 02

❶ Alcohol makes life bearable to millions of people who could not endure their existence if they were quite sober.

술은 많은 사람들에게 삶을 견딜 수 있게 만든다, 술에 취하지 않으면 자신들의 삶을 견딜 수 없는 사람들에게.

문맥 endure = bear.　　existence = life

❷ I hope my children don't have to experience the hardships I went through.

나는 내 자식들이 내가 겪은 고생을 겪지 않아도 되기를 바란다.

문맥 went through = experienced

❸ What is important is to keep learning, to enjoy challenge, and to tolerate ambiguity. In the end there are no certain answers.

중요한 것은 계속해서 배우고, 어려운 일을 즐기며, 확실하지 않은 것을 용납하는 것이다. 궁극적으로 확실한 해답은 없으니까 말이다.

문맥 ambiguity = uncertainty.　　certain = unambiguous

❹ If gold is not available, vermillion can be utilized as a substitute.

금색을 이용할 수 없을 경우에는, 주홍색을 대신 이용할 수 있다.

문맥 available = to be utilized

NOTE

❶ **if they were quite sober**
= if they were not drunk at all = if there were no alcohol = without drinking = without alcohol

❹ **as a substitute** (대신하는 것으로) → 대신에 (instead)

EXERCISE 7

밑줄 친 부분과 문맥상 같은(혹은 반대) 말을 찾은 다음 전체의 뜻을 파악하라.

1 Glycogen is a readily available energy source our bodies can tap as needed.

2 Even when binoculars are used to observe Saturn, the planet's moons are invisible.

3 Journalists do not like to report on uncertainties. They would rather be wrong than ambiguous.

4 Life is easier to take than you'd think; all that is necessary is to accept the impossible, do without the indispensable, and bear the intolerable.

5 In the hours before dawn, he will suffer new bouts of hunger, though none as terrible as the seizure he has just endured.

6 The girl slipped into a trance with only a little assistance from Carol. Most patients were more susceptible to hypnosis the second time than they had been the first time, and Jane was no exception.

7 Lines had appeared in her usually creaseless skin.

8 The psychologist, whose face seldom played host to a frown, was now scowling.

NOTE

6. **be susceptible to** (밑에 잡힐 수 있다) → ~에 감염될 수 있다 (≠ be immune to)

8. **play host to** ~에게 주인 역할을 하다
play host to a frown (얼굴 찡그리는 것의 주인 역할을 하다) → 얼굴을 찡그리다 (to frown)

관련어를 생각하라 03

❶ The seemingly <u>inexhaustible</u> stores of oil began to show signs of <u>depletion</u>.

고갈될 수 없을 것 같아 보이던 석유 매장량이 고갈의 징조들을 보이기 시작했다.

문맥 depletion = exhaustion

❷ While land, labor, raw materials and perhaps even capital can be regarded as <u>finite</u> resources, knowledge is for all intents <u>inexhaustible</u>.

토지, 노동, 원자재, 그리고 어쩌면 자본까지도 유한한 자원으로 간주될 수 있으나, 지식은 거의 무한한 자원이다.

논리 대조: y = 유한한 자원, x = ~

문맥 inexhaustible(= infinite) ≠ finite

❸ All of us communicate with one another <u>nonverbally</u> as well as <u>with words</u>.

우리들 모두는 서로와 의사소통한다, 말뿐만 아니라 말 이외의 방법으로도.

문맥 nonverbally(= without words) ≠ with words(= verbally)

❹ Those answers just don't feel right. <u>Intellectually</u>, I can accept them, but <u>on a gut level</u> they seem wrong.

저 해답들은 전혀 옳다는 느낌이 들지 않는다. 지적으로는(=머리로는), 그것들을 받아들일 수 있다, 그러나 느낌으로는 그것들은 틀린 것 같다.

문맥 on a gut level(= emotionally = in my heart) ≠ intellectually(= in my mind)

NOTE	❷ for / to all intents and purposes (모든 의도와 목적을 위해) → 거의, 사실상 (almost; virtually)

EXERCISE 8

밑줄 친 부분과 문맥상 같은(혹은 반대) 말을 찾은 다음 전체의 뜻을 파악하라.

1 I've always believed in trusting my <u>gut</u>. Often a hunch can be a lot better than hours of pondering and analyzing.

2 It really took a lot of time for me to work up the courage to come to see you. Tonight I finally had <u>guts</u>, and I knew if I delayed I'd never <u>get up</u> the nerve again.

3 Saying you'll do something may <u>take</u> one kind of courage, but actually doing it requires a different <u>type</u>. Real <u>bravery</u> lies in <u>deeds</u>, not words.

4 North Korea's public food stocks, already exhausted in some parts of the hunger-stricken country, will <u>run out</u> by June 20, a U.N. official said Tuesday.

5 He began to <u>see</u> how tired she was. The more aware he became of her <u>exhaustion</u>, the more profoundly weary he felt himself.

6 One definition of burnout is when our physical and mental resources are exhausted – when we are <u>worn out</u> by excessively striving to reach some unrealistic expectation imposed by ourselves or the values of society. It's a condition when we are depleted.

NOTE

2. **work up** (노력/운동해서 일으키다)
   work up the courage to do something 노력해서 어떤 것을 할 용기를 일으키다
   work up a sweat 운동해서 땀을 내다 　work up an appetite 운동해서 식욕을 일으키다
4. **hunger-stricken** 기아에 시달리는 (stricken with hunger)
   poverty-stricken 가난에 시달리는 　drought-stricken 가뭄에 시달리는
6. **burnout** (타서 나감) → 다 써서 (기능이나 의욕 등이) 없어진 상태

관련어를 생각하라 04

❶ **Although** the computer program was advertised as being user-friendly, our workers complain that they find it difficult to use.

그 컴퓨터 프로그램은 사용하기 쉽다고 광고됐지만, 우리 직원들은 불평한다, 사용하기 어렵다고.

화제 컴퓨터 프로그램

논리 대조: 광고 ~, 실제 사용하기 어려움

문맥 user-friendly(= easy to use) ≠ difficult to use

❷ You can laugh to death many worries you can't get rid of **otherwise**.

우리는 많은 걱정들을 웃음으로써 제거할 수 있다, 달리 제거할 수 없는 경우에는.

화제 걱정의 제거

방법 웃음, 기타

문맥 laugh to death = get rid of by laughing

All happiness is ultimately self-generated.
Qnly you can make yourself happy.
If you are unhappy, it is because you
have chosen to be.

EXERCISE 9

밑줄 친 부분과 문맥상 같은(혹은 반대) 말을 찾은 다음 전체의 뜻을 파악하라.

1 She was more beautiful when somber than when laughing.

2 When meeting someone new, the Japanese were usually quick to smile, but Mifuni was somber.

3 Her expression was more somber than her words. "Hey, Pamela, for someone who's having a good time, you look awfully depressed," Bruce observed.

4 That was a singularly melancholy song, too somber to be in sync with the moment.

5 After we had spent an hour at a wedding reception, I noticed that my friend had a forlorn expression. I turned to her and asked, "What's the matter? Why do you look so sad?"

6 Anthropologists used to distinguish humans from other animals as tool users, and there is no doubt that Homo does employ tools more than any other animal does.

7 We use only 5 percent of our intelligence – with an Einstein utilizing up to 15 percent or 20 percent.

NOTE

2. **be quick to do something** 주저하지 않고 어떤 것을 하다
= be ready to, be willing to, be reluctant to

4. **be in sync with** ~와 조화를 이루다, 어울리다 (to be in harmony with)
≠ be out of sync with

7. **with** an Einstein **utilizing** up to 15 percent or 20 percent (구)
= **and** an Einstein **utilizes** up to~ (절)

관련어를 생각하라 05

❶ Culture is essentially a product of leisure. Therefore the man who is wisely idle is the most cultured man.

교양은 근본적으로 여가의 산물이다. 그러므로 현명하게 한가한 사람이 가장 교양 있는 사람이다.

문맥 idle = leisurely

❷ Inactivity was not for Vincent van Gogh. He could not remain idle for long.

활동을 안 하는 것은 빈센트 반 고호에게는 맞지 않았다. 그는 오랫동안 활동을 안 할 수가 없었다.

문맥 idle = inactive

❸ John was bright but lazy and because of his indolence was never promoted.

John은 영리했으나 게을렀는데, 게으름 때문에 승진을 한 적이 없었다.

문맥 indolence = laziness

❹ Indolence is a distressing state; we must be doing something to be happy.

아무것도 하지 않는 것은 불행한 상태다. 우리는 뭔가를 해야 행복할 수 있다.

문맥 indolence(= doing nothing) ≠ doing something
distressing(= unhappy) ≠ happy

EXERCISE 10

밑줄 친 부분과 문맥상 같은(혹은 반대) 말을 찾은 다음 전체의 뜻을 파악하라.

1 Employers claimed that the workers were lazy, bringing the sloth of the countryside to the mines.

2 I don't like people who are late. Tardiness is a sign of a sloppy, selfish person.

3 A novelist should not preach, for sermonizing has no place in good fiction.

4 While some scientists believe there must be a meaning behind existence, others regard the universe as utterly pointless.

5 Little is needed to make a wise man happy, but nothing can content a fool. That's why nearly all men are miserable.

6 It was always his nature to find reason to be upbeat even when common sense suggested pessimism was a more realistic response.

NOTE

1. **sloth** (slowness: 느림) → 게으름 (laziness)
   slow 느린
   sluggish 느린, 게으른 (slow; lazy)
   sluggard 게으른 사람

관련어를 생각하라 06

❶ An ideal is a standard by which people judge real phenomena.

이상은 현실을 판단하는 기준이다. (이상 ≠ 현실)

오역 이상이란 사람들이 진실을 판단하는 기준이다.

주의 이상은 현실을 판단하는 기준이지, 진실을 판단하는 기준이 아니다.

문맥 an ideal ≠ real phenomena

❷ He is brave in appearance, but in reality a coward.

그는 용감해 보이지만, 사실은 겁쟁이다. (= He appears brave, but in reality he is a coward.)

문맥 in appearance ≠ in reality

❸ They may project the appearance of self-respect but do not possess the reality.

그들은 자신을 존중하는 것처럼 보일지 모르나 실제로는 그렇지 않다.
(= They appear to respect themselves but in reality they don't.)

문맥 the appearance ≠ the reality

❹ On paper the plan looked perfect. In reality, it proved to be a disaster.

서류상으로(=이론적으로) 그 계획은 완벽해 보였다. (그러나) 실제로, 그것은 형편없는 것으로 판명되었다.

문맥 On paper(= In theory) ≠ In reality
perfect(= very good) ≠ a disaster(= very bad)

EXERCISE 11

밑줄 친 부분과 문맥상 같은(혹은 반대) 말을 찾은 다음 전체의 뜻을 파악하라.

1 They created the facade of political reform without effecting genuine change.

2 In many writers modesty is a pose, but in Ford it seems to be genuine.

3 Make sure that your smile is genuine. Others can quickly spot a fraud, and nothing turns people off more quickly than a phony smile that has no real feeling behind.

4 Others in solitary confinement went insane, but he managed to retain his reason.

5 Insanity in individuals is rare, but in groups it is the rule.

6 There are people who are brilliantly conscious in the area of work and are catastrophes of unconsciousness in their personal relationships.

NOTE

1. **effect**(v.) 가져오다 (to bring about)
4. **in solitary confinement** 혼자 감금되면 (구)
   = when they were confined alone (절)
6. **catastrophes of unconsciousness** (재난 같은 무의식) → 재난을 가져올 정도로 엄청나게 의식이 없음
   earthquakes of change (지진 같은 변화) → 엄청난 변화
   rivers of sweat 강물처럼 흐르는 땀
   a dream of a house 꿈 같은 집
   a jewel of a book 보석 같은 책
   a joke of a company 웃기는(회사라고 볼 수 없는) 회사
   a parody of a restaurant 웃기는(식당이라고 볼 수 없는) 식당

관련어를 생각하라 07

❶ What was true over two hundred years ago is no longer the case.

200년 이상 전에 사실이었던 것이 지금은 사실이 아니다.

문맥 the case = true

❷ Many of the rules of etiquette which used to be observed by well-bred people are no longer in force.

예의범절 중의 다수가 과거에는 예절바른 사람들에 의해 지켜졌으나 지금은 지켜지지 않는다.

문맥 be in force = be observed

❸ Recognizing my negative thoughts for the falsehoods they are, I try to replace them with truths.

나의 부정적인 생각들이 사실은 그릇된 생각들이라는 것을 깨닫고, 나는 그것들을 옳은 생각들로 대치하려고 노력한다.

문맥 falsehoods(= false thoughts) ≠ truths(= true thoughts)

❹ Love of truth is the core of this man's philosophy. He is always ready to revise his views when presented with evidence of their lack of validity.

진실에 대한 사랑이 이 사람 철학의 핵심이다. 그는 언제나 기꺼이 자신의 견해를 수정한다, 그 견해가 타당성이 결여되어 있다는 증거를 제시하면.

문맥 validity = truth

NOTE

❷ (a) **be in force** 실시되고 있다
(b) come/go into force 실시하게 되다
(c) put ~ into force ~을 실시하다

❸ **recognize A for B** A를 B로 인식하다
see A for B A를 B로 보다
know A for B A를 B로 알다
take A for B A를 B로 생각하다
mistake A for B A를 B로 잘못 생각하다

EXERCISE 12

밑줄 친 부분과 문맥상 같은(혹은 반대) 말을 찾은 다음 전체의 뜻을 파악하라.

1 Some of the proposals have been implemented, while others are being put in place.

2 With Pennsylvania quickly established, all but one of the thirteen future states were in place by the end of the seventeenth century.

3 How honest are Asians today? Do people in the region's smaller communities have more integrity than residents of the megacities?

4 I come from a poor but honest family. Father didn't have enough education to be crooked.

5 Nobel was by all accounts rigidly honest in spite of having to contend repeatedly with unscrupulous business adversaries.

6 In certain social situations absolute honesty is not practiced. If a fellow asks, "How do you like my new hat?" and he thinks it looks terrible, absolute frankness would not be tactful.

7 After the initial deceit he needed to tell more lies to cover up the first one.

NOTE

1. (a) be in place 시행되고 있다
(b) come into place 시행되다
(c) **put ~ in(to) place** 시행하다

5. **by all accounts** 모든 사람들의 얘기에 의하면
by one's own account (어떤 사람) 자신의 얘기에 의하면

관련어를 생각하라 08

1 Even an omnipotent deceiver could not have deluded Descartes about his own existence.

속이는 데에 전능한 사람이라도 데까르뜨 자신의 존재에 대해 데까르뜨를 속일(=믿지 않게 만들) 수는 없었을 것이다.

문맥 deluded = deceived

2 Under no circumstances should parents lie to or in front of their children. Lying sets the stage for continued duplicity.

어떤 상황에서도 부모는 자식들에게 또는 자식들이 있는 앞에서 거짓말을 해서는 안 된다. 거짓말은 계속되는 거짓말의 무대(=터전)를 마련하기 때문이다.

문맥 duplicity = lying

3 Early in life I had to choose between arrogance and hypocritical humility. I chose honest arrogance.

나는 인생에서 일찍이 오만과 위선적인 겸손 가운데 하나를 선택해야 했다. 나는 정직한 오만을 선택했다.

문맥 hypocritical(= dishonest) ≠ honest
arrogance ≠ humility(= humbleness; modesty)

EXERCISE 13

밑줄 친 부분과 문맥상 같은(혹은 반대) 말을 찾은 다음 전체의 뜻을 파악하라.

1 How dare you accuse of me being deceitful? You are the most hypocritical girl I have met.

2 As Zedd taught, in this world where dishonesty is the currency of social acceptance and financial success, you must practice some deceit to get along in life, but you must never lie to yourself, or you are left with no one to trust.

3 A young person may see many examples of dishonesty and hypocrisy while growing up, and may conclude, "This is the way the world works and I must adapt to it," and may as a consequence disvalue honesty and integrity.

4 There is luxury in self-reproach. When we blame ourselves we feel that no one else has the right to blame us.

5 A man's first care should be to avoid the reproaches of his own heart, his next to escape the censures of the world.

NOTE

1. **accuse A of B** A에게 B를 한/했다고 비난하다, 고소하다
absolve A of B (A를 B로부터 풀어주다) → A에게 B에 대한 죄나 책임이 없다고 선언하다
acquit A of B A에게 B에 대한 죄가 없다고 선언하다
convict A of B A에게 B에 대한 죄가 있다고 선언하다

4. 영어의 발상법
approach (~로 다가가다) 다가가다
reproach (다가가서 물리치다 = approach back) → 비난하다
= reprimand (눌러서 물리치다 = prove back)
= reprove (증명하여 물리치다 = prove back)
= rebuke (때려서 물리치다 = beat back)

관련어를 생각하라 09

❶ A Chicago artist is famous in France, anonymous at home.

어떤 시카고 화가는 프랑스에서는 유명한데, 국내에서는 무명이다.

문맥 anonymous (= unknown) ≠ famous

❷ In smaller groups there is more chance to be yourself, less likelihood of being anonymous.

더 작은 집단에서는 당신이 당신 자신일 수 있는 가능성은 더 많고, 당신 자신이 아닐 수 있는 가능성은 더 적다.

문맥 likelihood = chance
being anonymous(= not being yourself) ≠ being yourself

❸ There's a good chance that a couple living together will never tie the knot. Estimates from experts are that 40 to 50 percent of cohabitants never marry each other.

동거하는 커플은 결혼하지 않을 가능성이 매우 많다. 전문가들의 추산에 의하면 동거하는 커플 가운데 40~50퍼센트는 서로와 결혼하지 않는다고 한다.

문맥 marry each other = tie the knot
cohabitants = couples living together

NOTE

❶ **anonymous** (이름이 없는 = without + name) → 무명인
antonym (반대 이름) → 반의어
synonym (같은 이름) → 동의어
synonymous 동의어인

❸ **Estimates from experts are that ~**
= It is estimated by experts that ~
= Experts estimate that ~

EXERCISE 14

밑줄 친 부분과 문맥상 같은(혹은 반대) 말을 찾은 다음 전체의 뜻을 파악하라.

1 Many of these individuals are identified in this book; others, for reasons of their own, preferred to remain anonymous.

2 Instead of identifying with a political party, numerous voters in the United States prefer to remain unaffiliated.

3 We have already emphasized one of the essential elements of modern science: the marriage of theory and practice, the blending of the desire to shape the world and the desire to understand it.

4 By the 1770s, about half of all New England women were pregnant at marriage. In Appalachia and other back country regions, according to one calculation, 94 percent of brides were pregnant when they went to the altar.

5 He that gives good advice, builds with one hand; he that gives good counsel and example, builds with both; but he that gives good admonition and bad example, builds with one hand and pulls down with the other.

6 Lincoln freed the slaves in 1863. It's time you declared your emancipation.

NOTE

4. **calculation** 계산, 추산 (an estimate)
5. **build** = put up (위로 놓다) → 세우다, 건설하다
   ≠ pull down (끌어 내리다) → 허물다, 파괴하다
6. It's time you **declared your emancipation**.
   = It's time you **freed yourself**.

비결 ❸

자리를 살펴라 1

대상 = 설명

'A는 B다' 라는 말에서 A는 설명의 대상이고, B는 설명의 내용이다. 즉 'A=B' 라는 공식이 성립되는 문장에서 A와 B 둘 중에서 어느 하나만 알면 나머지 단어는 그 의미를 추측할 수 있다.

자리를 살펴라 01 대상 = 설명

❶ To explain the nature of laughter and tears is to account for the conditions of human life.

웃음과 눈물의 성격을 설명하는 것은 인생의 상태(=성격)를 설명하는 것이다. (다시 말해, 인생은 기쁜 면과 슬픈 면을 갖고 있다.)

문맥 account for = explain. conditions = nature

❷ A life without problems would be a barren existence without the opportunity for spiritual growth.

문제가 없는 삶은 비생산적인 삶이 될 것이다, 정신적으로 성장할 기회가 없을 테니까.

문맥 existence = life

❸ The only foes that threaten America are the enemies at home, and these are ignorance, superstition, and incompetence.

미국을 위협하는 유일한 적들은 국내에 있는 적들인데, 이 적들은 무지와 미신과 무능력이다.

문맥 foes = enemies

NOTE

❷ **bare** 덮개가 없는, 발가벗은

barren (자연의 덮개인 식물이 없는) → (자라서 꽃을 피우거나 열매를 맺을 수 없으므로) 비생산적인 (unproductive)

참고 어원 설명이 있는 사전을 이용하여 이런 식으로 모든 중요한 단어들을 요리해서 머릿속에 넣어두면 잊어버릴 수가 없을 것이다.

EXERCISE 15

밑줄 친 부분과 문맥상 같은(혹은 반대) 말을 찾은 다음 전체의 뜻을 파악하라.

1 Most scientists accepted the new quantum laws because they seemed to explain a whole range of previously unaccounted-for phenomena.

2 Science may in principle describe the structure and actions of man as a part of physical nature, but man is not thus completely accounted for.

3 This particular worry is not ordinary maternal concern.

4 As a pharmaceutical company, Novo Nordisk is a concern with a high concentration of academically-trained personnel in research and production.

5 The idea of achieving security through an arms race is a false belief.

6 He has abstract ideas about what to do, but no specific thoughts.

7 Believe the best rather than the worst. People have a way of living up or down to your opinion of them.

8 Some think that prison is a good way of preventing crime; others hold that education would be better.

NOTE

2. **in principle** 원칙적으로, 이론적으로 (in theory; theoretically)

7. **live up to ~** (살아 올라가 ~에 이르다) → (기대나 기준 등)에 미치다
   measure up to ~ (재보면 ~에 이르다) → ~에 미치다
   boil down to ~ (끓어 내려가 ~에 이르다) → ~로 압축 · 요약되다
   break down to ~ (깨뜨려 내려가 ~에 이르다) → 조목별로 나누면 ~가 된다

자리를 살펴라 02 대상 = 설명

1 The kind of thinking he must do is a far cry from the quiet reflection that is possible at a university.

그가 해야 하는 사고의 종류는 대학에서 (우리가) 할 수 있는 그런 조용한 사고와는 매우 다르다.

문맥 reflection = thinking

주의 that is possible = that you can do

2 A theological view of human development sometimes differs from an anthropological perspective.

인간의 발전에 대한 신학적인 관점은 때로는 인류학적인 관점과 다르다.

문맥 perspective = view

3 In certain respects, the prevailing view of Manet is at odds with Zola's assessment of the artist.

어떤 면에서, Manet에 대한 일반적인 견해는 Manet에 대한 Zola의 견해와 일치하지 않는다.

문맥 assessment = view.　　the artist = Manet

4 Low-self-esteem individuals tend to underestimate or overestimate their abilities; high-self-esteem individuals tend to assess their abilities realistically.

자존심이 낮은 사람들은 흔히 자신의 능력을 과소평가하거나 과대평가하는데, 자존심이 높은 사람들은 흔히 자신의 능력을 사실대로 평가한다.

문맥 assess = estimate

NOTE

❶ **be a far cry from**
= be very different from ~와 매우 다르다

❷ **differ from**
= be different from ~와 다르다

❸ **be at odds with**
= disagree with ~와 일치하지 않다 ≠ agree with

EXERCISE 16

밑줄 친 부분과 문맥상 같은(혹은 반대) 말을 찾은 다음 전체의 뜻을 파악하라.

1 The policy was rejected in favor of a more cautious approach.

2 To some people, cubism is part of a larger artistic and scientific movement, where a single "right" or "privileged" perspective was eschewed in favor of multiple viewpoints or a more relativistic stance.

3 These types of people may experience anything from mild confusion to serious crisis of confidence when their personal systems begin to rearrange themselves into new world views.

4 The Greek view of history as unfolding chaos and decay was deemed false. The Christian world view fared little better.

5 While already rigid in some beliefs, the five-year-old's world view remains generally flexible.

6 Although apparently rigid, bones exhibit a degree of elasticity that enables the skeleton to withstand considerable impact.

7 Although I had never imagined myself capable of killing another human being, I thought I was capable of wasting this man.

NOTE

1. **reject A in favor of B** A를 거부하고 B를 선호하다
   = reject A and adopt B A를 거부하고 B를 채택하다
2. **eschew A in favor of B** A를 피하고 B를 선호하다
   avoid limousines for buses 리무진을 피하고 버스를 이용하다
   give up meat for fish 육류를 버리고 생선을 먹다
4. The Christian world view **fared little better**.
   = The Christian world view **was deemed not much better**.

자리를 살펴라 03 대상 = 설명

1 A psychological illness cannot be compared to a physical disease.

정신질환은 신체질환과 같다고 볼 수 없다.

문맥 disease = illness

2 His face revealed more mental anguish than physical suffering.

그의 얼굴은 육체적인 고통보다 더 많은 정신적인 고통을 보여주었다.

문맥 suffering = anguish

3 His face resembled a clown's countenance.

그의 얼굴은 광대의 얼굴과 비슷했다.

문맥 countenance = face

4 She put on a sober expression that matched the grave look on his face.

그녀는 진지한 표정을 지었는데, 그것은 그의 얼굴의 진지한 표정과 어울렸다.

문맥 grave look = sober expression
(grave = sober, look = expression)

NOTE

❹ 영어의 발상법

영어에서는 옷을 입거나 신발을 신는 데에 뿐만 아니라, 몸에 살이 붙을(몸무게가 늘) 때에나, 몸에 화장품을 바르거나, 얼굴에 어떤 표정을 짓는 경우에도 put on이 사용된다.

put on one's clothes = put one's clothes on
put on one's shoes = put one's shoes on
put on makeup = put makeup on
put on a look /an expression
put on weight (≠ lose /shed weight)

EXERCISE 17

밑줄 친 부분과 문맥상 같은(혹은 반대) 말을 찾은 다음 전체의 뜻을 파악하라.

1 The loss of his family left him with mental scars every bit as horrendous as his physical injuries.

2 Warm hues like red, yellow, and orange make food look better and people hungrier. Cool colors like blue and gray have the opposite effect.

3 If I could live my life again, I'd laugh at my misfortunes more and at other people's predicaments less.

4 The world is quickly bored by the recital of misfortune and willingly avoids the sight of distress.

5 Over the course of our marriage, my husband has had several affairs. The most painful affair for me was his liaison with my best friend.

6 In addition to many occasional liasions, Picasso began a serious involvement with the adolescent Marie-Thérèse Walter.

7 Do not get involved with individuals who are already committed to someone else.

8 For a while he wasn't able to feel his extremities. Now feeling began to return to his hands and feet.

자리를 살펴라 04 대상 = 설명

1. Life has **its own** burdens. Why add **excess** baggage?

인생에는 자체의 짐들이 있다. 왜 추가 짐을 보태느냐?

문맥 baggage = burdens

2. Through **his** death he has forced us to consider **our own** mortality.

자신의 죽음을 통해서 그는 우리들로 하여금 우리들 자신의 죽음에 대해서 곰곰히 생각해 보지 않을 수 없게 만들었다.

문맥 mortality = death

3. Sainthood emerges when you can listen to **someone's** tale of woe and not respond with a description **of your own**.

남의 고민 얘기를 듣고서 자기 자신의 고민 얘기를 하지 않을 수 있는 사람은 성인이다.

문맥 description = tale

4. In our day there are only **two** ways: peaceful coexistence or the most destructive war in history. There is no **third** choice.

오늘날에는 두 가지 길이 있을 뿐이다. 평화로운 공존이냐 아니면 역사상 가장 파괴적인 전쟁이냐. 제3의 길은 없다.

문맥 choice = way

EXERCISE 18

밑줄 친 부분과 문맥상 같은(혹은 반대) 말을 찾은 다음 전체의 뜻을 파악하라.

1 Even saints die, and they don't all pass away kneeling in prayer.

2 One month before Einstein's death, Michele Besso, a friend since the days at the Patent Office, passed away.

3 Sometimes it takes the death of someone near and dear to convince us that we're not immortal.

4 The candidate denounced as unworkable his rival's solution to the problem of unemployment, but offered no viable alternative.

5 In prehistoric times, mankind often had only two choices in crisis situations: fight or flee. In modern times, humor offers us a third alternative: fight or flee — or laugh.

6 In emotion or in action, there is an ideal middle course lying between two extremes. The wise man always avoids excesses.

7 He wasn't here just to kill them any way he could; he had to dispose of them in a certain manner.

8 If you have no enemies, you are apt to be in the same predicament in regard to friends.

NOTE

1. **kneel in prayer** (= kneel and pray) 무릎을 꿇고 기도하다
sit in meditation 앉아서 명상하다
close one's eyes in thought 눈을 감고 생각하다
bow one's head in respect 머리를 숙여 경의를 표하다

자리를 살펴라 05 대상 = 설명

❶ Rink and Fordyce had **new** clothes for Roy that were virtually identical to **their own** outfits.

Rink와 Fordyce가 Roy에게 입힐 새 옷을 갖고 있었는데, 그것은 사실상 그들 자신의 옷과 동일한 것이나 다름없었다.

문맥 outfits = clothes

❷ Steven smiled somewhat shyly. "Hope it's OK, barging in on you like this. Annie swore you were decent."
Cheryl laughed. "I'm dressed anyway."

Steven이 다소 수줍게 웃었다. "이렇게 들이닥쳐도 괜찮겠지. Annie 말이 네가 옷을 입었다고 해서 말야."
Cheryl이 웃었다. "아무튼 나 옷 입었잖니."

문맥 decent = dressed

❸ Having never worn nylons, she didn't think it a good idea to don them for the first time at the funeral.

한 번도 나일론 옷을 입은 적이 없어서, 그녀는 장례식장에서 나일론 옷을 처음으로 입는 것은 좋은 생각이 아니라고 생각했다.

문맥 don = wear

❹ "Speaking of costumes, you two look terrific," Enid said, appraising Todd's and Elizabeth's outfits.

"의상에 관한 얘긴데, 너희 둘은 근사해 보인다." Enid가 말했다, Todd와 Elizabeth의 의상을 평가하면서.

문맥 outfits = costumes

EXERCISE 19

밑줄 친 부분과 문맥상 같은(혹은 반대) 말을 찾은 다음 전체의 뜻을 파악하라.

1 I buy my clothes at a thrift shop. I get a lot of satisfaction from finding outfits that look great at a fraction of the cost charged by regular stores.

2 Low-cost hardware and software have permitted tiny outfits to compete better with large corporations.

3 The huge business divided into smaller companies.

4 Compared to the throbbing pain in his legs and the ache in his back, the new agony was endurable.

5 "Money isn't everything," counseled the rich relative. "Maybe not," said his impoverished kin. "But right now it's the only thing I can think of that I really need."

6 Science does not offer truth but a succession of interpretations. Some interpretations may be better than others for specific purposes, but no one theory is, in any final sense, absolutely true.

7 Some nations have tolerant sexual mores. Other nations, such as the Islamic ones, have Draconian sexual standards.

NOTE

1. **thrift** 알뜰함, 절약
   thrifty 알뜰한
   spendthrift (알뜰함을 써버리는) → 돈을 헤프게 쓰는 (사람)

자리를 살펴라 06 대상 = 설명

❶ Today's solutions may work temporarily; yet as circumstances change, old problems appear again or new problems materialize.

오늘의 해결책이 일시적으로 효과가 있을지 모른다. 그러나 환경이 변함에 따라, 오래된 문제들이 다시 나타나거나 새로운 문제들이 나타난다.

문맥 materialize = appear

❷ China has more than tripled its plantings of genetically modified crops, making it the fourth-largest planter of bioengineered crops.

중국은 유전자가 조작된 농작물 경작을 3배 이상 늘려서, 세계에서 네 번째로 큰 유전자 조작 농작물 경작국이 되었다.

문맥 bioengineered = genetically modified

❸ He decided at last to compose the letter he'd been meaning to write for at least ten days.

그는 마침내 그 편지를 쓰기로 결심했다, 적어도 열흘 동안 쓰려고 의도해온 그 편지를 말이다.

문맥 compose = write

❹ The simple phrase — which looks so easy to write — is often the most difficult to construct.

간단한 어구는 — 쓰기가 너무도 쉬워 보이지만 — 흔히 쓰기가 가장 어렵다.

문맥 construct = write. difficult ≠ easy

NOTE

❸ **mean** to do something
= **intend** to do something

EXERCISE 20

밑줄 친 부분과 문맥상 같은(혹은 반대) 말을 찾은 다음 전체의 뜻을 파악하라.

1 General Hood's first attack is turned back, as is a second <u>assault</u> six days later.

2 Most people assume that their pets are incapable of attacking a child. Not true. The most docile pets have been known to <u>turn on</u> a child, unprovoked.

3 Never awake me when you have good news to announce, because with good news nothing presses; but when you have bad news, <u>arouse</u> me immediately, <u>for</u> <u>then</u> <u>there is not an instant to be lost</u>.

4 Remember that most salespeople exchange ideas with other salespeople in their respective fields. Rarely, for example, does an insurance agent <u>swap</u> ideas with a computer <u>representative</u>.

5 At first, each star appears separated from all the others; but, as one looks a little longer, clusters begin to <u>take shape</u>, pairings appear and groupings emerge.

6 In this period various powers develop separately and independently of one another: for example, language, arm movements and leg movements. Certain sensory powers also <u>take shape</u>.

NOTE

2. **unprovoked**
   = even if they are not provoked
3. **Nothing presses.**
   = Nothing is pressing. = Nothing is urgent.
6. **independently of** ~와 독립해서

자리를 살펴라 07 대상 = 설명

1 As I **have** said, and **will** suggest again, attention is power.

내가 얘기해 왔고, 또 다시 얘기하겠듯이, 관심은 힘이다.

문맥 suggest = say

2 James **is** visually impaired; he **has been** blind from birth.

James는 눈이 보이지 않는다. 그는 태어날 때부터 눈이 보이지 않았다.

문맥 blind = visually impaired

3 Gina always **had been** religious, but after the death of her only son, she **became** fanatically devout.

Gina는 언제나 신앙심이 깊었다. 그러나 하나뿐인 자기 아들이 죽은 후에, 그녀는 광신자처럼 신앙심이 깊어졌다.

문맥 devout = religious

4 **Few** people will admit their own failures; and even **fewer** will acknowledge that the true cause of failure lies within themselves.

자기 자신의 실패를 인정할 사람은 적을 것이다. 그리고 실패의 진정한 원인이 자기 자신 안에 있다는 것을 인정할 사람은 더욱 더 적을 것이다.

문맥 acknowledge = admit

NOTE

❷ **visually impaired**(= handicapped) (시각적으로 손상된) → 눈으로 보지 못하는 (blind)
hearing impaired 귀로 듣지 못하는 (deaf)
speech impaired 말을 못하는 (dumb)
physically handicapped 신체 장애를 갖고 있는
mentally handicapped 정신 장애를 갖고 있는

EXERCISE 21

밑줄 친 부분과 문맥상 같은(혹은 반대) 말을 찾은 다음 전체의 뜻을 파악하라.

1 The microscope evolved slowly, its development hampered by the lack of both theoretical understanding and necessary mechanical technology.

2 The human brain continues to shape itself through life, with the most intense growth occurring during childhood.

3 Like all ecological systems, a forest is made up of a living environment and a nonliving environment, the latter composed of air, rocks, soil, and water.

4 We may choose self-pity so as not to confront or deal with our true feelings — our anger, fear, or envy. Similarly, we may opt for self-pity when we are unwilling to accept our powerlessness over a person or situation.

5 A person convicted of a felony was required to forfeit all property, but a person convicted of a misdemeanor did not have to give up any property.

6 The next time you find yourself relishing an imagined edge over another person, try to remember that there is nothing praiseworthy about being superior to someone else. It is when you are superior to your previous self that you are truly praiseworthy.

NOTE

1. **(with) its development hampered** ~ (구)
   = and its development was hampered ~ (절)
2. **with the most intense growth occurring** ~ (구)
   = and the most intense growth occurs ~ (절)
6. **have an edge/advantage over** ~보다 유리한 점을 갖고 있다

비결 ❹

자리를 살펴라 2

비교의 대상

(가) 그의 키는 너의 키보다 더 크다.
(나) 그의 업적(Y)은 너의 ...(X)보다 더 크다.
(다) 그의 ...(X)는 너의 업적(Y)보다 더 크다.

비교의 대상은 동일한 종류이어야 하므로 여기서도 'X=Y' 라는 공식이 성립된다. 따라서 X와 Y 둘 중에서 어느 하나만 알면 될 뿐만 아니라, '나' 의 경우에는 X를 읽을 필요조차 없다.

자리를 살펴라 08 비교의 대상

❶ Tactile people tend to be more attractive than nontouchers.

(다른 사람과 얘기할 때) 몸을 많이 접촉하는 사람들은 흔히 접촉하지 않는 사람들보다 더 매력이 있다.

문맥 nontouchers ≠ tactile people(= touchers)

❷ There was nothing she loved as much as a good plan, and this scheme was particularly enjoyable.

좋은 계획만큼 그녀가 좋아하는 것은 아무것도 없었다. 그런데 이 계획은 특별히 그녀가 좋아했다.

문맥 scheme = plan. enjoyable = lovable
this scheme was particularly enjoyable = she particularly loved this plan

❸ Start thinking about your future more seriously — even a vague plan is better than no provision at all.

너의 장래에 대해 더 진지하게 계획을 세우기 시작해라. 막연한 계획도 전혀 계획이 없는 것보다 낫다.

문맥 provision = plan
thinking = planning

NOTE	❶ **tactile** (탁 닿는) → 접촉하는 contact (와 닿다) → 접촉(하다) contagion 접촉에 의한 전염 contaminate 오염시키다 intact (손이 안 닿은) 손상되지 않은 (unimpaired)

EXERCISE 22

밑줄 친 부분과 문맥상 같은(혹은 반대) 말을 찾은 다음 전체의 뜻을 파악하라.

1 Thomas Jefferson's achievements as an architect rival his contribution as a politician.

2 Bruce Springsteen's earnings eclipse even Michael Jackson's income.

3 Mozart's accomplishment totally outstripped his achievements in any other domain, and indeed may have eclipsed those of any other human being in the realm of the arts.

4 The increase in female employment has been far greater than the rise in male breadwinning.

5 An accumulation of facts is no more a science than a heap of stones is a house.

6 I was no more practiced with knives than I was expert with firearms.

7 The one who has conquered himself is a far greater hero than he who has defeated a thousand times a thousand men.

8 Ralph found the agreement adequate, although he later commented that he could have cut an even better deal if he had wanted.

NOTE

2. 접두사 ex-(e-, ec-, ef-, es-로 변함), out-, over-, sur-로 이루어진 동사(타동)에는 '비교'의 개념이 들어 있다.

exceed (밖으로 나가다) → 초과하다 **over**stay ~보다 더 오래 머물다

eclipse (시야 밖으로 내놓다 → 안 보이게 하다) → 능가하다 (to surpass)

outlive ~보다 더 오래 살다 **out**strip (보다 더 빨리 가다) 능가하다 **sur**pass (넘어가다) → 능가하다

자리를 살펴라 09 비교의 대상

1 In small amounts, alcohol can help you relax. Larger doses of alcohol have the opposite effect.

적은 양일 때 술은 긴장을 푸는 데 도움을 줄 수 있다. 많은 양의 술은 이와 반대 결과를 가져온다.

문맥 doses = amounts

2 Supplies purchased in volume quantities are cheaper than products purchased in small lots.

상품은 대량으로 사면 소량으로 사는 것보다 더 싸다.

문맥 supplies = products. volume(= large) ≠ small. lots = quantities

3 It is better to give a partially correct reply with conviction than an entirely accurate reply with faltering and hesitancy.

부분적으로만 옳더라도 확신하며 하는 대답이 전체적으로 옳으나 확신하지 못하며 하는 대답보다 더 좋다.

문맥 entirely ≠ partially. accurate = correct
faltering and hesitancy(= nonconviction) ≠ conviction

4 When choosing between a purely competent person without interest and a less competent person with zeal, I always choose zeal over ability.

정말 유능하나 열의가 없는 사람과 덜 유능하나 열의가 있는 사람 중에서 선택할 때, 나는 언제나 열의를 선택하고 능력을 포기한다.

문맥 competent = able. zeal = interest

5 In a study of 55,000 people, they found that those who enjoy lots of sex are less anxious, less hostile and physically healthier than the sexually lethargic.

55,000명의 사람들에 대한 연구에서 그들이 발견한 바에 의하면, 성을 많이 즐기는 사람들은 성을 많이 즐기지 않는 사람들보다 덜 불안하고, 덜 적대적이며 신체적으로 더 건강하다.

문맥 the sexually lethargic(= those who don't enjoy sex much) ≠ those who enjoy lots of sex

주의 lots of, a lot of, a lot은 not과 함께 쓸 수 없다. 다시 말해 a lot, lots는 긍정문에 사용되고 부정문에는 much가 사용된다.

표현 enjoy lots of sex = enjoy sex a lot

6 People who hear noises at regular intervals perform as well as subjects working without interruption. Subjects who are exposed to random noises make more errors.

소음을 규칙적으로 듣는(=규칙적인 소음에 노출된) 사람들의 작업능률은 소음에 노출되지 않은 사람들의 작업 능률과 같다. 불규칙적인 소음에 노출된 사람들은 더 많은 실수를 한다(= 작업능률이 더 못하다).

문맥 hear noises at regular intervals = are exposed to regular noises
subjects working without interruption = people who are not exposed to noises (subjects = people)
random(= irregular) ≠ regular

NOTE

❹ **choose A over B** (= choose A and give up B) A를 선택하고 B를 포기하다

- His wife **left** him **for** another man. 그의 아내는 그를 떠나 다른 남자에게 갔다.
- His girl **dumped** him **for** another guy. 그의 여자친구는 그를 버리고 다른 녀석에게 갔다.
- Consequently, after World War I increasing number of spectators **deserted** the theater **for** the movies.
  그 결과, 제1차 세계대전 후에 점점 더 많은 관객들이 연극을 버리고 영화를 보러 갔다.
- Maturity is patience. It is the willingness to **pass up** immediate pleasure **in favor of** a long-term gain.
  성숙은 인내다. 그것은 기꺼이 눈앞의 쾌락을 거부하고 장기적인 이득을 취하는 것이다.

EXERCISE 23

밑줄 친 부분과 문맥상 같은(혹은 반대) 말을 찾은 다음 전체의 뜻을 파악하라.

1 People who give voice to their negative emotions survive adversity better than those who are emotionally restricted.

2 The sailor survived the deadly cyclone, but most of his friends were less fortunate.

3 Acting, which has always been an uncertain profession, is more precarious than ever in Hollywood.

4 Travis was half-mesmerized, and the dog seemed equally captivated.

5 I could see that many members of the audience were visibly moved. I, myself, was less enthralled.

6 Hollow men are vulnerable to anyone who offers them something that might fill the void and make them feel less empty.

7 The men who had worked out reaped health benefits, but the hardy men who had also exercised were considerably healthier.

8 He who imagines he can do without the world deceives himself much, but he who fancies the world cannot do without him is still more mistaken.

NOTE

1. **give voice to** (~에게 목소리를 주다) → ~을 표현하다 = give expression to (= express)
   give birth to ~을 낳다
   give rise to ~을 발생시키다
   give thought to ~을 생각하다

자리를 살펴라 10 비교의 대상

❶ Under hypnosis, Christine, who was normally painfully reticent, became less restrained.

Christine은 평소에는 몹시 과묵했는데, 최면 상태에서는 덜 과묵하게 되었다.

문맥 reticent = restrained

❷ I am very reserved with strangers and not remarkably forthcoming even with the majority of the people I know.

나는 모르는 사람들과 말을 많이 하지 않으며, 심지어 내가 아는 대부분의 사람들과도 두드러지게 말을 많이 하지 않는다.

문맥 strangers(= the people I don't know) ≠ the people I know
forthcoming(= unreserved) ≠ reserved

❸ For most of us the consequences of poor self-esteem are less direct, more circuitous.

대부분의 우리들에게 빈약한 자기 존중의 결과는 덜 직접적이고, 더 간접적이다.

문맥 circuitous(= indirect) ≠ direct

❹ What makes us cry is simple to describe. What makes us laugh is harder to pin down.

무엇이 우리를 울게 만드는지는 설명하기 쉽다. 무엇이 우리를 웃게 만드는지가 설명하기 더 어렵다.

문맥 simple(= easy) ≠ hard.　　pin down = describe

NOTE

❹ 영어의 발상법
기록: 머릿속에 들어 있는 것을 '내려서 쓰는' 행위다.
describe (down + write = 써 내리다) → 기술하다, 설명하다
scribble down 휘갈겨 쓰다
jot down '작작' 빨리 혹은 간략하게 쓰다

EXERCISE 24

밑줄 친 부분과 문맥상 같은(혹은 반대) 말을 찾은 다음 전체의 뜻을 파악하라.

1 For lunch, she was given fewer soft foods than before, more solid fare.

2 I like Korean food, but I also have a craving for exotic dishes.

3 Elizabeth knew that she was being pretty quiet and that she must seem all the more subdued in contrast to the wild cheering around them.

4 If I could live my life again, I'd be more spontaneous and active, less hesitant and subdued.

5 The land around those Mayan cities became infertile, thus making it essential that the people move north, where the land would be more productive.

6 Todd realized that what he had thought was going to be a breeze was turning out to be tougher than he had imagined.

7 Sexuologists claim total nakedness is a turnoff and partial nudity is much more provocative.

8 Oscar Wilde remarked that everything seems magical when veiled in mist – it's uncertainty that charms us.

NOTE

2. **have a craving for** (= crave) ~을 갈망하다
have a liking for = like
≠ have a dislike for (= dislike)
take a liking to ~을 좋아하게 되다
≠ take a dislike to ~을 싫어하게 되다

비결 ❺

논리적인 접근방식

Jimmy is so <u>unreliable</u> you can never <u>count on</u> him.
(=rely on)

Jimmy는 너무나 믿을 수 없다. (원인)
그래서 우리는 그를 결코 신뢰할 수 없다. (결과)

원인 속에는 결과의 싹이,
결과 속에는 원인의 씨가 들어있다.
그러므로 원인과 결과 둘 중에서
어느 하나를 알면 나머지를
이해하는 데 도움을 얻을 수 있다.

논리적인 접근방식 01 원인과 결과

❶ In that menacing atmosphere, he found himself intimidated.

분위기가 위협적이어서 → 그는 위협을 느꼈다.

문맥 menacing = intimidating (intimidated = menaced)

❷ I suppose I can be intimidating. Some people have told me that they do what I want because they're afraid of me.

나는 사람들이 나를 두려워하게 만들 수 있다 → 그들은 나를 두려워한다.

문맥 be intimidating = make people afraid of me
afraid of = intimidated by

❸ People with greater self-complexity suffered a less severe drop in overall self-esteem when one self-aspect suffered.

사람들에게 자아의 양상이 더 많으면 → 하나의 자아의 양상이 손상을 입었을 때 전반적인 자존심이 덜 심하게 떨어졌다.

문맥 greater self-complexity = more self-aspects

❹ People with greater self-complexity suffered fewer bouts of depression and illness when self-esteem in one part of their lives dropped.

사람들에게 자아의 부분들이 더 많으면 → 자아의 한 부분에서 자존심이 떨어졌을 때 우울증과 질병의 기간이 더 적었다.

문맥 greater self-complexity = more self-parts

주의 lives = selves

❺ A country within which the divisions have gone too far is a danger to itself; a country which is too well united is a menace to others.

한 국가의 지나친 분열 → 자국에게 위험
한 국가의 지나친 단결 → 타국에게 위협

문맥 within which the divisions have gone too far(= which is too badly divided) ≠ which is too well united menace = danger

주의 others = other countries

⑥ The human capacity for adaptation makes it possible for human beings to adjust to a wide variety of novel circumstances.

사람들은 적응 능력을 갖고 있으므로 → 여러 가지 새로운 환경에 적응할 수 있다.

문맥 adjust = adapt

⑦ The camel's feet, well adapted for dry sand, are useless on mud.

낙타의 발은 건조한 모래 위에서 쓸모가 있으므로 → 진흙 위에서는 쓸모가 없다.

문맥 well adapted for dry sand = useful on dry sand

Dwell on your problems
and they bring despair.
Consider your possibilities
and they provide hope.

EXERCISE 25

밑줄 친 부분과 문맥상 같은(혹은 반대) 말을 찾은 다음 전체의 뜻을 파악하라.

1 Gifted with unusual powers of visual observation, the girl was quick to notice the slightest changes in her world.

2 Once thought, an idea is part of our perception. In a sense, it becomes the eyes with which we see. It determines what we pick out to notice and what we choose to overlook.

3 Detail-oriented workers are adept at keeping track of the many particulars of a situation.

4 When you treat another with compassion, you treat yourself kindly at the same time.

5 When a man publicly compliments his woman, or a woman publicly lauds her man, the compliment is enhanced.

6 If the company is to relocate, most employees will move.

7 Once the family disintegrates, communities fall apart.

8 The Soviet Union has crumbled. The East block has disintegrated as well.

9 Korean reunification won't be that easy. The depths of enmity between the halves of the Cold War's last divided country probably rule out any quick coming together.

10 If she spends half an hour preparing a meal, she thinks that's gourmet food. Haven't you noticed how fast she puts a meal together?

11 Why do some families cope well with problems, while others fall apart? Why do many parents and children get along nicely, while others don't?

12 The whole fabric of her life was unraveling before her eyes. Her home, her family, her friends – everything seemed to be falling apart.

13 Most homicides that were solved, he knew, were unraveled within 72 hours.

NOTE

1. **Gifted** ~ (구) = As she was gifted ~ (절)

2. **Once thought** (구) = Once it is thought (절)

10. **gourmet** (구워 먹어(?)) → 식도락가 = gourmand
put together (이것 저것을 한 곳에 갖다 놓다) → 조립하다, 만들다
≠ take apart (가져가 떼어 놓다) → 분해하다

13. **homicide** (사람 죽임) → 살인
herbicide (풀 죽임) → 제초제
insecticide (곤충 죽임) → 살충제

13. ravel (나블나블) → 얽혀 있는 것 **unravel** (얽혀 있는 것을) 풀다, 풀리다
tangle (탱글탱글) → 얽혀 있는 것 untangle 얽혀 있는 것을 풀다

논리적인 접근방식  원인과 결과

❶ Changes in society **brought about** a transformation of volunteerism.

사회의 변화 → 자원 봉사의 변화

문맥 transformation = change

❷ Tiny gradual changes could **result in** dramatic alterations.

작은 점진적인 변화 → 커다란 갑작스런 변화

문맥 alteration = change
dramatic(= great sudden) ≠ tiny gradual

❸ Sometimes lack of self-esteem **eventuates in** death.

자존심의 결핍 → 죽음

문맥 eventuate in = eventually result in

❹ These motivations cause stress, which in turn can lead to illness.

이들 동기 → 스트레스 → 질병

문맥 lead to = cause(= bring about, result in)

NOTE

❷ alter 다르게 만들다, 바꾸다
alteration 다르게 만듦, 변화
alternate (하나 뒤에 다른 것이) 교대하다
altruistic (다른 사람을 위하는) 이타적인

EXERCISE 26

밑줄 친 부분과 문맥상 같은(혹은 반대) 말을 찾은 다음 전체의 뜻을 파악하라.

1 To change the world, we have to transform ourselves.

2 Heroin is a derivative of morphine, which itself is an opium extract.

3 Phones accelerated the pace of business activity which, in turn, stepped up the rate of economic development.

4 One of the members of the surgical team leaked the story to a fellow physician who, in turn, confided in a reporter.

5 Too many children here enter the vicious spiral of malnutrition which leads to greater susceptibility to infectious disease, which in turn leads to a greater likelihood of developing malnutrition.

6 The invention of a certain, crucially relevant tool or machine initiates huge changes in the environment which, in turn, engineer transformations in both man's social relations and his perception of experience.

NOTE

2. **be a derivative of** ~로부터 나오다
   = be derived from, be extracted from
3. **in turn** 그 결과로(as a result)
4. believe in ~을 믿다(= trust in)
   confide in (~을 완전히 믿다) → ~을 믿고 털어놓다

논리적인 접근방식  원인과 결과

1 **Whether the disturbed relationship triggers the depression or the depression gives rise to the interpersonal problems is not important.**

인간 관계상의 문제가 우울증을 일으키느냐 아니면 우울증이 인간 관계상의 문제를 일으키느냐는 중요하지 않다.

문맥 the disturbed relationship = the interpersonal problems. give rise to = trigger

2 **Depression is often triggered, by stressful events, but it can also be touched off by positive news like a promotion, a baby or a new home.**

우울증은 흔히 스트레스를 주는 일에 의해 발생된다. 그러나 그것은 승진이나 아기, 새 집과 같은 긍정적인 일에 의해서도 발생될 수 있다.

문맥 stressful(= negative) ≠ positive. touch off = trigger. news = events

3 **The camel's shyness has given rise to the popular Arabic saying, "as bashful as a camel."**

낙타의 수줍음이 '낙타처럼 수줍은' 이라는 자주 사용되는 아랍 속담을 탄생시켰다.

문맥 bashful = shy

4 **The decline of most civilizations is attributed to a decay in morality.**

대부분의 문명의 쇠퇴는 도덕의 쇠퇴 때문이라고 한다.

논리 문명의 쇠퇴 (결과) ← 도덕의 쇠퇴 (원인)

문맥 decay = decline

주의 = People think that the decline of most civilizations is due to a decay in morality.

5 **What is the origin of lunar craters? Until a few decades ago it was generally believed that the craters on the Moon were due to volcanic activity.**

달의 분화구는 무엇 때문에 생겼을까? 수십 년 전까지 달의 분화구는 화산 활동에 의해 생겼다고 일반적으로 생각되었다.

문맥 the craters on the Moon were due to volcanic activity = volcanic activity was the origin of lunar craters

EXERCISE 27

밑줄 친 부분과 문맥상 같은(혹은 반대) 말을 찾은 다음 전체의 뜻을 파악하라.

1 Muscles don't atrophy from use, nor do eyes wear out from too much seeing.

2 Four million Americans suffer from Alzheimer's disease, a degenerative illness of the brain cells that leads to an atrophy of the brain and senile dementia.

3 Show me one couple unhappy merely on account of their limited circumstances, and I will show you ten who are wretched from other causes.

4 Of course not all unhappiness is self-created, for living conditions are responsible for not a few of our woes.

5 Aging accounts for about one third of a body's aerobic decline. Inactivity is responsible for the remaining two-thirds of the downward slide.

6 Modern criminologists regard society itself as in large part responsible for the crimes committed against it. Poverty, poor living conditions, and inadequate education are all causes of crime.

7 Every child gets sad from time to time; childhood and adolescence are, like adulthood, times of occasional disappointments and losses large and small with the attendant grief.

8 Suddenly they were all starving. It was a drug-induced hunger, the insatiable appetite familiar to all serious pot smokers.

9 The inhalation of carbon dioxide has been shown to provoke paniclike anxiety in patients already prone to panic attack, carbon dioxide could also induce anxiety symptoms in subjects with no history of panic disorder. But the precise mechanism by which carbon dioxide triggers anxiety is not completely understood.

10 The pessimist believes bad events stem from permanent conditions ("I failed the math quiz because I don't have a head for numbers") and good events from temporary ones ("My husband brought me flowers because he had a good day at work"). The optimist, however, attributes failure to temporary causes ("I failed because I didn't pay attention") and favorable situations to enduring causes ("He brought me flowers because he loves me").

NOTE

2. mind 정신
mental 정신적인
dementia (떨어진 정신증 → 정신 이상) → 치매

10. **have a head for** ~에 대한 머리(두뇌)를 갖고 있다
have an ear for ~에 대한 (들을 줄 아는) 귀를 갖고 있다
have an eye for ~에 대한 눈(안목)을 갖고 있다
have an aptitude for ~에 대한 타고나 능력(적성)을 갖고 있다
have a gift for ~에 대한 재능을 갖고 있다 (= have a talent for ~)

2

가장 어려운 부분을 가장 쉽게 읽는 법

비결 ❻

영어는 변화를 좋아한다

영어는 같은 말을 반복해서 사용하는 것을 싫어한다. 그래서 영문을 읽다 보면 앞에 나온 말을 다른 표현으로 바꿔서 쓴 것이 많다.

그러므로 우리는 영어를 읽을 때에
모르는 말을 만나더라도 고민할 필요가 없다.
만일 그 단어가 중요한 의미를 갖는다면
가까이에 있는 다른 말을 통해서
그 의미를 추측할 수 있기 때문이다.

영어는 변화를 좋아한다 01 단어 바꾸기

1 "Are you sure?"
"Positive."

"확실하니?"
"그럼."

문맥 Positive는 sure를 대신하는 말이다.

2 "Did he like it?"
"Absolutely adored it."

"그가 그걸 좋아했니?"
"아주 좋아했어."

문맥 adored = liked

3 "Hungry?"
"Now that you mention it, yes. Famished."

"배고프니?"
"네가 그 말 하니까, 그러네. (무척) 배고프다."

문맥 famished = (very) hungry

EXERCISE 28

밑줄 친 부분과 문맥상 같은(혹은 반대) 말을 찾은 다음 전체의 뜻을 파악하라.

1 Pot is often the gateway drug that leads to stronger <u>stuff.</u>

2 The most elaborate of all bird nests is the large, domed communal <u>structure</u> built by social weaver birds.

3 In a neatly groomed neighborhood of unassuming houses, Tom's <u>place</u> was as <u>unremarkable</u> as those around it.

4 *The Times* has a library that is larger and better equipped than many college <u>facilities.</u>

5 Before the advent of synthetic fibers, people had to rely entirely on natural <u>products</u> for making fabrics.

6 In 1987 the company pioneered in designing an electronic camera to replace a mechanical <u>product.</u>

7 "How did you find Morgan?"
"It's a long story."
"Give me a real short <u>version.</u>"

NOTE

5. **rely on A for making B** A에 의존하여/A를 이용하여 B를 만들다
- The artist <u>drew on</u> childhood memories / **in** creating his painting.
  그 화가는 어린 시절의 기억들에 의존해서 자신의 작품을 만들었다.
- We <u>took advantage of</u> the dry weather / **to** paint the house.
  우리는 건조한 날씨를 이용하여 집에 페인트 칠을 했다.

영어는 변화를 좋아한다 02 부정어로 바꾸기

1
It isn't the thing you <u>do</u>, dear,
  It's the thing you <u>leave undone</u>.
That gives you a bit of a heartache
  At setting of the sun.

그건 네가 하는 일이 아니다, 얘야,
  그건 네가 하지 않는 일이란다.
마음을 아프게 하는 건
  해가 질 때.

문맥 leave undone(= don't do) ≠ do

주의 'do–don't do'에서는 do가 반복되지만, 'do–leave undone'에서는 그것이 그대로 반복되지는 않는다.

2 The truck driver <u>escaped unhurt</u>, but a pedestrian <u>was injured</u>.

그 트럭 운전수는 부상을 면했다, 그러나 한 보행자는 부상을 당했다.

문맥 escaped unhurt(= was not injured) ≠ was injured

Winners never quit and
quitters never win.

EXERCISE 29

밑줄 친 부분과 문맥상 같은(혹은 반대) 말을 찾은 다음 전체의 뜻을 파악하라.

1 What they leave unsaid is often more important than what they actually put into words.

2 Peonies react badly to being moved and are best left undisturbed.

3 In the fine arts it is only the convention, the form, and the incidentals that change; the fundamentals of passion, of intellect and imagination remain unaltered.

4 Even today for all the sophisticated methods that can detect thousands of chemicals in vanishingly small concentrations, it's possible that some poisons go undiscovered.

Failures are rehearsals for success.

영어는 변화를 좋아한다 03 유형 이탈

❶ Consciously or unconsciously, deliberately or despite himself, Matisse always strived toward simplicity.

의식적으로나 무의식적으로, 의도적으로나 비의도적으로, Matisse는 언제나 단순함을 위해 노력했다.

문맥 despite himself = undeliberately

❷ When it's good, it's very, very good – and when it's bad, it's horrible.

그건 좋을 때는, 아주 아주 좋다 - 그리고 그건 나쁠 때는, ~ (이 부분은 읽지 않아도 짐작할 수 있다!)

문맥 horrible = very, very bad

❸ What was complex, he made simple; the dangerous seemed innocuous.

복잡한 것을 그는 간단하게 만들었고, 위험한 것을 ~

문맥 the dangerous seemed innocuous = what was dangerous, he made innocuous.

주의 둘째 문장에서는 dangerous만 알면 된다.
innocuous(= not dangerous) ≠ dangerous

EXERCISE 30

밑줄 친 부분과 문맥상 같은(혹은 반대) 말을 찾은 다음 전체의 뜻을 파악하라.

1 Music can make
an exciting story more exciting,
a sad one sadder,
a happy one gayer.

2 I cannot make the universe obey me.
I cannot make other people conform to my whims and fancies.
I cannot make even my own body obey me.

3 Everybody ranks himself high in qualities he values:
careful drivers give weight to care,
skillful drivers give weight to skill, and
those who are polite give weight to courtesy.

4 The Irish workers hated the Italians.
The Germans hated the Irish.
They all hated the Chinese.
And, of course, blacks were beyond the pale to most white workers.

영어는 변화를 좋아한다 04 바꾸고 또 바꾸기

1 **Some people crave ice cream. Others find solace in cheesecake. I love bread.**

어떤 사람들은 아이스크림을 좋아하고, 또 어떤 사람들은 치즈케익을 좋아하는데, 나는 빵을 좋아한다.

문맥 crave = find solace in = love

주의 셋 중에서 하나만 알면 OK!

2 **Economists are unable to understand inflation, oncologists are totally confused about the causes of cancer, psychiatrists are mystified by schizophrenia.**

경제학자들은 인플레이션을 이해하지 못하고, 종양학자들은 암의 원인을 이해하지 못하고, 정신과 의사들은 정신 분열증을 이해하지 못한다.

문맥 unable to understand = confused about = mystified by

주의 이해를 위해서는 셋 중에서 하나의 뜻만 이해하면 되지만, 사용하려면 셋을 다 알고 있어야 한다.

Old and young,
We are all
on our last cruise.

- Robert Louis Stevenson

EXERCISE 31

밑줄 친 부분과 문맥상 같은(혹은 반대) 말을 찾은 다음 전체의 뜻을 파악하라.

1 Father criticized the sermon, Mother disliked the blunders of the organist, and the daughter thought the choire's singing atrocious.

2 At first, each star appears separated from all the others; but, as one looks a little longer, clusters begin to take shape, pairings appear, and groupings emerge.

3 From this perspective, the motivations of those who consciously sacrifice their lives for higher purposes make sense, the power of Gandhi is explicable, and the compassionate acts of the Christ are comprehensible.

4 Ignore the ones who say it's too late to start over.
Disregard those who say you'll never amount to anything.
Turn a deaf ear to those who say you aren't smart enough,
fast enough, tall enough, or big enough.

5 Her eyes had that catlike quality of harmoniously blended opposities: sleepiness combined with total awareness, watchfulness mixed with cool indifference, and a proud isolation that coexisted with a longing for affection.

6 Writing occurred quite late in human history, but speech may have arisen tens of thousands years before writing first appeared.

7 The percentage of married adults have been fading because of the increase in the never married and divorced population. But the decline had slowed, most of the decrease having occurred in the 1970s and 1980s.

8 Some define humility as a willingness to acknowledge one's shortcomings and limitations. Others see it as a true recognition of who we really are. Still others describe humility as a desire to seek and do God's will.

Most of what you worry about
never happens.
If so, why worry.
Just be happy!

NOTE

4. amount to ~ (수량이) ~에 이르다, (사람이) ~에 이르다(어떤 인물이 되다)
(a) The loss amounts to five million dollars.
손실은 5백만 달러에 이른다.
(b) He'll amount to nothing.
그는 아무것도 안 될 거야.

7. most of the decrease having occurred ~ (구)
= and most of the decrease had occurred ~ (절)

영어는 변화를 좋아한다 05 관용어구로 바꾸기

❶ "Nice meeting you."
"Likewise."

"만나서 반가워."
"나도 그래."

문맥 Likewise = Nice meeting you, too

❷ You are presumed to be innocent until proved otherwise.

사람들은 무죄로 간주된다, 달리(=유죄로) 증명될 때까지는.

문맥 otherwise = guilty

❸ As I respected them, I expected payment in kind.

나는 그들을 존중했으므로, (나도 그들에게서) 같은 대우를 기대했다.

문맥 payment in kind = them to respect me, too

❹ When you treat others with respect, it is usually reciprocated.

남들을 존경하는 마음으로 대우하면, 대개 같은 대우를 받는다.

문맥 it is usually reciprocated = you are usually treated with respect, too

EXERCISE 32

밑줄 친 부분과 문맥상 같은(혹은 반대) 말을 찾은 다음 전체의 뜻을 파악하라.

1 What can you say when someone says he loves you but the feeling is not mutual?

2 The Sun exerts a pull on the Earth, and vice versa.

3 Heat flows from the hot source to the cold, and not vice versa.

4 Decent and honorable treatment of others is returned in kind.

5 He would suffer unjust criticisms without replying in kind.

6 Look for the good in others and they will look for the good in you. Ditto for the "bad."

7 Never marry a man for his looks or his money. He could lose both. The same goes for a woman.

8 It is not so much what a man wears as the way he wears it that marks the born gentleman. The same can be said of a woman: it is the manner in which her clothes are worn that distinguishes a true lady.

NOTE

2. **exert a pull on ~** ~에 인력을 행사하다, ~을 끌어당기다
= to pull
have an influence on(= to influence) ~에 영향을 끼치다
have an effect on(= to affect) ~에 영향을 끼치다

영어는 변화를 좋아한다 06 구는 절로, 절은 구로 바꾸기

1 Some wealthy people are cheap, while others who have very little are generous.

어떤 사람들은 부유하지만 인색하다, 반면에 어떤 사람들은 가난하지만 후하다(=인색하지 않다).

문맥 others who have very little = other poor people

주의 generous ≠ cheap(= stingy; miserly)

2 Since a politician never believes what he says, he is quite surprised to be taken at his word.

정치가는 자기가 한 말을 한 번도 믿지 않으므로, 누군가가 자기 말을 믿으면 상당히 놀란다.

문맥 to be taken at his word = that someone believes what he says

3 The new computer's capabilities were far beyond what the older machine could do.

새 컴퓨터의 성능은 그 전 컴퓨터의 성능을 훨씬 능가했다.

문맥 what the older machine could do = the older computer's capabilities

주의 X's capabilities = what X can do

4 It is easy to quit smoking when things are going well, but staying off is harder in bad times.

일이 잘 될 때에는 담배를 끊기 쉽다, 그러나 일이 잘 안 될 때에는 금연하기가 더 어렵다.

문맥 in bad times = when things are going badly(≠ when things are going well = in good times)

주의 비교의 대상이 '담배를 끊는 것' 이므로 staying off = quitting smoking

5 In prosperity we have many friends, but we are usually neglected when things go badly.

일이 잘 될 때에는 친구가 많으나, 일이 잘 안 될 때에는 대개 친구가 적다.

문맥 when things go badly = in adversity(≠ in prosperity)

주의 we are usually neglected(= we usually have few friends) ≠ we have many friends.

EXERCISE 33

밑줄 친 부분과 문맥상 같은(혹은 반대) 말을 찾은 다음 전체의 뜻을 파악하라.

1 Smilers are thought of as warm, outgoing people, while those who restrict this expression are perceived as cold and withdrawn.

2 A patient with a well-developed sense of humor has a better chance of recovery than a stolid individual who seldom laughs.

3 A nation that forgets its past can function no better than an individual with amnesia.

4 I have a definitional problem with the word "violence." I don't know what the word "violence" means.

5 For years, his wife had suffered from headaches. The doctors couldn't find a cause, but he knew what brought them on.

6 A friend is going through an identity crisis and an energy crisis at the same time. He doesn't know who he is, and he's too tired to find out.

7 There is a strange desire among people to attach particular importance to their origin, as if a man's worth should be estimated by what he came from rather than by what he has become.

8 Just as the late nineteenth century gave hints of what was to come, so the late twentieth century also provides some clues to the future.

9 Many of us who came from dysfunctional families learned that to reveal feelings or opinions was to invite ridicule or punishment. It became as natural as breathing to deny or conceal what we felt or believed.

10 The traditional goal of science has been to discover how things are, not how they ought to be, but can a clean-cut distinction between fact and value in the interaction of science and society be sustained any longer?

NOTE

5. **bring on** = to cause ~을 야기하다, 초래하다

8. **a clue to** ~에 대한 실마리 a key to ~에 대한 열쇠
a means to ~에 대한 수단 a solution to ~에 대한 해결책
an answer to ~에 대한 해답 an access to ~에 접근하는 길
an approach to ~에 대한 접근 방법 a door to ~로 가는 문
a road to ~로 가는 길 a shortcut to ~로 가는 지름길

영어는 변화를 좋아한다 07 문체 바꾸기

예문의 밑줄친 부분은 문체를 바꿔서 앞의 말을 대신하고 있는 것으로서, 이를 읽지 않고도 문장의 의미를 충분히 짐작할 수 있다. 따라서 빨리 읽고자 하는 사람은 이 부분을 건너뛰고 지나가도 된다.

1 Shouting at people is ineffective**;** talking works better.

사람들에게 소리 지르는 것은 비효과적이다. 얘기하는 것이 더 (효과적이다).

문맥 works better = is more effective

2 He is not a poor worker. **On the contrary,** he's very efficient.

그는 일을 잘 못하는 사람이 아니다. 그와는 반대로, 그는 (일을 아주 잘 한다).

문맥 very efficient = a very good worker

3 Men often sin alone. Women are **seldom** companionless in sin.

남자는 흔히 혼자 죄를 짓는다. 여자는 (혼자 죄를 짓는 경우가) 드물다.

문맥 are seldom companionless in sin = seldom sin alone

4 Every man alone is sincere. At the entrance of a second person, hypocrisy begins.

누구나 혼자 있을 때에는 진실하다. 둘 이상 함께 있을 때에는 (진실하지 않다).

문맥 hypocrisy(= insincerity) ≠ sincerity

5 She contributed freely her time and talents, **but** her monetary gifts were of necessity limited.

그녀는 자신의 시간과 재능을 아낌없이 기부했다, 그러나 돈은 (많이 기부하지 않았다, 그럴 수밖에 없어서).

문맥 her monetary gifts were of necessity limited = She didn't contribute her money freely of necessity
gifts = contributions

주의 of necessity <out of necessity 불가피해서

❻ People who are altruistic in terms of time **also** donate money.

시간을 기부하는 사람들은 돈도 (기부한다).

문맥 donate = are altruistic in terms of

❼ I remember his face, **but** his name eludes me.

나는 그의 얼굴은 기억난다. 그러나 그의 이름은 (기억이 안 난다).

문맥 his name eludes me = I don't remember his name

❽ People praise vigilance**;** thoughtlessness is always deprecated.

사람들은 주의하는 것은 칭찬하고, 부주의한 것은 언제나 (비판한다).

문맥 praise ≠ deprecate(= criticize)
thoughtlessness(= nonvigilance) ≠ vigilance(= thoughtfulness)

주의 thoughtlessness is always deprecated = they always deprecate thoughtlessness = they don't praise nonvigilance

EXERCISE 34

밑줄 친 부분과 문맥상 같은(혹은 반대) 말을 찾은 다음 전체의 뜻을 파악하라.

1 I could understand most of his speech, but <u>his last words were unintelligible</u>.

2 <u>This may not be visible to the uninitiated</u>, but the experienced see it.

3 Some people prefer a formal work environment, while others <u>are more comfortable in an unstructured area.</u>

4 Many people who readily accept that their pets have minds <u>shudder at the thought of a computer with a mind.</u>

5 Values are not peripheral to science but they <u>constitute its basis.</u>

6 Receiving a diploma <u>is incidental to education</u>; it's how much you learn that counts.

7 The legacy of Martha Carter is not the dry residue of death. <u>She left behind</u> the sweet taste of the fine wine of life.

8 Not all unhappiness is self-created, for <u>living conditions are responsible for not a few of our woes.</u>

9 Where love rules, there is no will to power, and where power predominates, <u>love is lacking</u>.

10 Where literacy thrives the folklore decays while a flourishing folk culture is evidence of a relatively low level of literacy.

11 Whereas growing civilizations display endless variety and versatility, those in the process of disintegration show uniformity and lack of inventiveness.

A compliment is
verbal sunshine.

NOTE

5. **be peripheral to** ~의 주변을 이루다, 주변에 있다
= be incidental to ~에게 부수적이다
≠ be central to ~의 중심을 이루다, 가장 중요하다
= be basic to ~의 기반을 이루다

비결 ❼

바꿔쓰기에 관한 모든 것

앞에 나온 말을 바꿔쓰기 위해 가장 많이 사용되는 장치들로는 comma(,), dash(—), colon(:), 접속사 or 등이 있다.

바꿔쓰기에는 앞에 나온 말 일부를 바꾸는 경우와 전부를 바꾸는 경우 두 가지가 있다.

바꿔쓰기에 대한 모든 것 01 바꿔쓰기 장치 (1)

❶ Here's a special kind of prayer — saying grace before a meal.

여기 특별한 종류의 기도가 있는데 — 그것은 식사 전에 하는 기도이다.

문맥 grace = prayer

❷ They offered a discount: they said they would deduct 20 percent from the price.

그들은 할인해 주겠다고 했다. 즉 그 가격에서 20퍼센트 깎아 주겠다고 말했다.

문맥 deduct = (to) discount (deduct가 동사이므로 discount 앞에 to를 붙였음!)

❸ Is death a void, a nothingness that goes on forever?

죽음은 공백, 영원히 지속되는 무(無)인가?

문맥 nothingness = void

NOTE

❸ **void** 빈
avoid (비우다) → 피하다
null and void (없고 빈) → 무효인
devoid of (~가 전혀 빈) → 없는
= empty of, vacant of

EXERCISE 35

밑줄 친 부분과 문맥상 같은(혹은 반대) 말을 찾은 다음 전체의 뜻을 파악하라.

1 Catharsis — giving vent to rage — is sometimes extolled as a way of handling anger.

2 Never previously had this house seemed in the least empty, but an emptiness invaded it now — the void left by his lost brother.

3 He devoted his research career to the child's cognitive development: the growth of her intellectual powers.

4 What all these current threats to human life have in common is that they are what are called "anthropogenic" processes: they are things we do to ourselves.

5 Much spare cash in the city goes for entertainment, the diversion to forget the gloom of city life.

6 For most of his life he had been fighting ennui, a deep and abiding boredom with the way the world was.

7 The morgue had a distinctive odor, the stale stench of death no amount of a deodorizer could mask.

8 A crowd gathered on the beach, the usual throng that seems to form out of nowhere whenever a tragedy occurs.

NOTE

7. smell 냄새 (대표어)　scent 좋은 냄새, 향기　odor 나쁜 냄새, 악취
stench (코를 찌를 정도로) 매우 강한 악취(=stink)
deodorant (냄새를 없애는) 몸에 뿌리는 탈취제　deodorizer (방 따위에 뿌리는) 탈취제

8. **out of nowhere** (어디에서 나왔는지 모르게) → 느닷없이, 갑자기 (all of a sudden; suddenly)

바꿔쓰기에 대한 모든 것 02 바꿔쓰기 장치 (2)

❶ One of the most potent antidotes to depression is seeing things differently, **or** cognitive reframing.

가장 강력한 우울증 치료법들 중의 하나는 사물을 달리 보는 것, 혹은 인식의 틀을 바꾸는 것이다.

문맥 cognitive reframing = seeing things differently

❷ Love is an act of will — **namely**, both an intention and an action.

사랑은 의지의 행동이다 — 다시 말해, 의지이자 행동이다.

문맥 intention = will. action = act

❸ Our whole mode of scientific thought is facing a "paradigm shift." **That is to say**, a fundamental shift in the way scientists think.

과학적 사고의 전체 방식이 '패러다임 변화'에 직면하고 있다. 다시 말해, 과학자들의 사고 방식이 근본적으로 변하고 있다는 말이다.

문맥 the way scientists think = the mode of scientific thought

EXERCISE 36

밑줄 친 부분과 문맥상 같은(혹은 반대) 말을 찾은 다음 전체의 뜻을 파악하라.

1 Socrates could feign ignorance — or pretend to be dumber than he was.

2 We are happy if our wishes are fulfilled, or to put it differently, if we have what we want.

3 Hegel believed there was an interactive, or dialectic, relationship between man and nature. When man alters nature, he himself is altered.

4 Quantitative measurement is also very highly stressed in science. Even more highly regarded is the absence of bias, or freedom from prejudice.

5 If language acquisition were purely empirical — in other words, if we learned all of language only from hearing it — then it would be difficult to explain how we could speak creatively rather than repeat what we heard.

NOTE

2. **to put differently** 달리 말해서
= to put another way
= in other words

바꿔쓰기에 대한 모든 것 03 바꿔쓰기 장치 (3)

❶ When do I have to return this book? **I mean** the due date.

내가 언제 이 책을 돌려줘야 하지? 내 말은 반환일이 언제냐는 거야.

문맥 return this book = due date

❷ These problems are systemic ones, **which means** that they are closely interconnected and interdependent.

이 문제들은 시스템적인 문제들이다. 다시 말해, 이 문제들은 밀접하게 서로 관련되어 있고 서로 의존하고 있다는 것이다.

문맥 systemic = that they are closely interconnected and interdependent

❸ Cancer seen in several parts of the breast is at greater risk of being invasive — **meaning** cancer cells might have spread to healthy tissue.

유방의 몇 군데에 보이는 암은 침입했을, 즉 암세포가 건강한 세포로 퍼졌을 위험성이 더 크다.

문맥 invasive = (that) cancer cells might have spread to healthy tissue

주의 tissue = cells

EXERCISE 37

밑줄 친 부분과 문맥상 같은(혹은 반대) 말을 찾은 다음 전체의 뜻을 파악하라.

1 We've cut all extraneous materials out of this book — which means that everything in it is important.

2 It is perfectly normal not to feel good. This does not mean that it is normal to feel rotten all the time, or even feel bad too often.

3 Some fish are "predacious," which means that they will eat other fish, aquatic animals, and insects.

4 A living organism is a self-organizing system, which means that its order in structure and function is not imposed by the environment but is established by the system itself.

5 The CD-ROM is a compact disk used for storing information. "ROM" stands for "read-only memory," meaning that the user cannot alter, add to or delete the information on the disk.

바꿔쓰기에 대한 모든 것 04 부분 바꿔쓰기

1 Photography as an art form often seeks the ineffable in its subjects, those qualities that cannot be expressed in words.

예술의 형태로서의 사진술은 흔히 그 소재에 있어서 말로 표현할 수 없는 특징들을 추구한다.

문맥 the ineffable (대상) = those qualities that cannot be expressed in words (설명)

2 Even in his most casual conversation, one detects the impulse to instruct, to impart knowledge systematically to his listener.

그의 가장 격식 없는 대화에서조차, 사람들은 그의 가르치려는, 다시 말해 듣는 사람에게 지식을 체계적으로 전달하려는 (그의) 충동을 감지한다.

문맥 to instruct = to impart knowledge systematically to his listener

3 Only 65 percent of the work force can be considered "intermediately" literate, able to read at between fifth-grade and ninth-grade levels.

그 근로자들 중에서 65퍼센트만이 '중간 정도의' 읽기 능력이 있는, 다시 말해 5학년에서 9학년 수준의 읽기 능력이 있는 것으로 볼 수 있다.

문맥 "intermediately" literate = able to read at between fifth-grade and ninth-grade levels

주의 이러한 문장들에서는 밑줄 친 두 부분 중에서 어느 것이든 하나만 알면 된다.
literate = able to read

4 The disease is rare, affecting only about one in 40,000 people.

그 병은 희귀하여, 발병율이 약 4만 명에 1명꼴밖에 안 된다.

문맥 rare = affecting only about one in 40,000 people

5 Malaria is once again rampant, killing one person every 13 seconds.

말라리아가 또 다시 유행하여, 13초당 1명꼴로 사람들이 죽고 있다.

문맥 rampant = killing one person every 13 seconds

❻ Colon cancer, if caught early, is among the easiest cancers to beat — with a 92-percent cure rate.

직장암은, 일찍 발견하면, 가장 치료하기 쉬운 암에 속한다 — 92퍼센트의 치료율을 갖고 있으니까 말이다.

문맥 the easiest cancers to beat = with a 92-percent cure rate

주의 to beat = to cure

❼ The conference was well attended, for a first-time conference, with about 100 attendees.

그 회의는 참석자가 많았다, 첫 번째 회의 치고는, 약 100명의 참석자가 있었으니까 말이다.

문맥 well attended = with about 100 attendees

❽ Sexual organisms do not generally reproduce by fission, by splitting in two.

유성 생물은 일반적으로 분열에 의해, 둘로 갈라져서, 번식하지 않는다.

문맥 by fission = by splitting in two

EXERCISE 38

밑줄 친 부분과 문맥상 같은(혹은 반대) 말을 찾은 다음 전체의 뜻을 파악하라.

1 His expression was opaque, giving nothing away.

2 Every painting is an allegory, showing us one thing and inviting us to see another.

3 She was emotionally flat, completely unresponsive to any and all shows of feeling.

4 The history book, written in 1880, was tremendously biased, unfairly blaming the South for the Civil War.

5 "Normal" American men are homophobic, afraid of close relationships with other men.

6 At age ten, roughly the same percent of girls as boys are overtly aggressive, given to open confrontation when angered.

7 The figurines were inexpensive, no more than five or ten dollars each, some as cheap as three bucks.

8 The production of coal in the country is insignificant, amounting to less than one million tons annually.

9 It is possible for a once perfectly normal, outgoing child to become autistic, cutting off most or all interaction with the real world.

10 He was exhilarated, filled with a joy that he would have been hard pressed to describe if he had been required to put it into words.

11 In ancient times wealth was measured and exchanged tangibly, in things that could be touched: food, tools, and precious metals and stones.

12 People have a natural tendency to anthromorphize their pets, to ascribe human perceptions and intentions to the animals where none exist.

13 My friend Bobby Halloway says that I tend to anthromorphize animals, ascribing to them human attributes and attitudes which they do not, in fact, possess.

14 If your happiness is contingency-oriented, depending on something you expect to happen in the future, you miss out on the joys and satisfactions available in the here and now.

15 How do we *understand* anything? Almost always, I think, by using one or another kind of analogy – that is, by representing each new thing as though it resembles something we already know.

16 Two conflicting positions have dominated theories of problem solving. One position has it that problems are solved incrementally, by applying bits of knowledge piece by piece until all of the components together produce a solution. The other position focuses on the phenomenon of insight, which is a sudden and unexpected realization of a solution to a problem.

NOTE

10. be hard pressed/put/pushed to do something 어떤 것을 하는 데에 어려움을 겪다
= have difficulty doing something
be hard pressed/put for ~ 때문에 어려움을 겪다
= be hard up for ~, be pinched for ~, be strapped for ~

바꿔쓰기에 대한 모든 것 05 전체 바꿔쓰기

예문의 밑줄 친 부분은 바로 앞의 진술을 요약하고 있다.

1 **He says there isn't any God. He's an atheist.**

그는 어떤 신도 없다고 말한다. (다시 말해) 그는 무신론자다.

2 **He has amnesia. He doesn't remember.**

그는 건망증이 있다. (다시 말해) 그는 기억하지 못한다.

문맥 has amnesia = doesn't remember

3 **Nothing adds more realism to a story than names; nothing is as unrealistic as anonymity.**

어떤 얘기에 이름보다 더 사실성을 보태주는 것은 없다. 이름 없는 것만큼(=보다 더) 비사실적인 것은 없다.

문맥 두 번째 문장은 첫 번째의 역이다.

4 **Sanity is very rare; every man almost, and every woman, has a dash of madness.**

첫째 주장: 정신이 온전한 것은 매우 드물다.
둘째 주장: 정신 이상은 매우 흔하다.

문맥 every man ~ madness = insanity is very common
sanity ≠ madness(= insanity)

5 **There was a pattern, with disturbances. An orderly disorder.**

유형이 있고, 유형으로부터 이탈(=비유형)이 있었다. (다시 말해) 질서 중에 무질서(가 있었다).

주의 order = pattern. disorder = disturbance

6 Civilizations begin with stoicism; they end with the undisciplined pursuit of pleasure. A civilization is born stoic and dies epicurean.

문명은 금욕주의로 시작되고, 무절제한 쾌락의 추구로 끝난다. (다시 말해) 문명은 금욕주의자로 태어나고 쾌락주의자로 죽는다.

7 Two basic and interrelated aims of Western civilization are to preserve human life and to provide economic security. There is a concurrent striving for health and for wealth.

서구 문명의 두 가지 근본적이고 상호 연관된 목표는 인간의 생명을 보존하는 것과 경제적인 안정을 제공하는 것이다. (다시 말해) 서구 문명은 건강과 부를 동시에 추구한다.

EXERCISE 39

밑줄 친 부분과 문맥상 같은(혹은 반대) 말을 찾은 다음 전체의 뜻을 파악하라.

1 Conviction is a motivator. It inspires behavior.

2 That job is so easy; it's a piece of cake.

3 Tony is so arrogant. He's as proud as a peacock.

4 He was sad beyond tears. His grief was so great he could not cry.

5 She has traded one addiction for another. She is off the booze but is now hooked on drugs.

6 I'm a terrible procrastinator. I'm always putting things off until the last minute.

7 Exhale slowly through your nose. Breathing out should take longer than breathing in.

8 Happiness is easy. It is letting go of unhappiness that is hard. We are willing to give up everything but our misery.

9 There is no higher religion than the human service. To work for the common good is the greatest creed.

10 It is the familiar that usually eludes us in life. What is before our nose is what we see last.

11 Buddhist teaching generally views sin as a result of ignorance, in that harmful and evil actions result from misperceptions of realities.

12 The race of mankind would perish did they cease to aid each other. We cannot exist without mutual help.

13 The king was a haughty aristocrat, but he was not a tyrant; he ruled his country superciliously with genuine affection for his people.

14 Pride plays a greater part than kindness in reprimands we address to wrongdoers: we reprove them not so much to reform them as to make them believe that we are free from faults.

15 It is not what happens to you but how you look at it that counts. Attitude is everything.

NOTE

12. **did they cease to aid each other** (접속사 생략)
→ if they ceased to aid each other

13. **with genuine affection for his people** (구)
→ but he had genuine affection for his people (절)

비결 ❽

영어 표현의 다양성

'이해' 관련 표현 집중 학습

한 우물을 파서
영어의 바다로 들어가는 길이
여기에 있다.

영어의 한 분야('이해' 관련 표현)에서
집중적으로 공부함으로써
영어 전반에 대한 '이해'를
넓힐 수 있다는 말이다.

영어 표현의 다양성 01 이해 관련 표현

❶ Mystification gave way to understanding.

몰이해가 이해에게 길을 내주었다. (이해 안 되던 것이 이해가 되었다.)

문맥 Mystification(= nonunderstanding) ≠ understanding

❷ His befuddlement had faded and his mind now clarified.

그의 흐릿했던 정신이 이제 맑아졌다. (그는 이해되지 않던 것이 이제 이해가 되었다.)

문맥 = His befuddlement had now given way to clarification.

❸ He acts like he understands, but I know he's still baffled.

그는 이해하는 것처럼 행동한다. 그러나 나는 안다, 그가 아직도 갈피를 못 잡고 있다는 것을.

문맥 he's still baffled = he still doesn't understand

❹ To be conscious that you are ignorant is a great step to knowledge.

자기가 모른다는 것을 아는 것은 앎으로 가는 큰 걸음이다.

문맥 To be conscious = To know
are ignorant = don't know

EXERCISE 40

밑줄 친 부분과 문맥상 같은(혹은 반대) 말을 찾은 다음 전체의 뜻을 파악하라.

1 In many cases, the formerly mysterious origins of diseases have now been identified.

2 She could see that he was as mystified by Corinne's words as she. "I'm sorry," she said. "I'm afraid neither one of us knows what you're talking about."

3 If they were perplexed at first, they soon understood what he was doing.

4 A mystic is a person who is puzzled before the obvious, but who understands the nonexistent.

5 Local police are usually stumped, but we know exactly what happens.

6 Women who are accustomed to having the husband handle the finances are lost when widowed. They don't know what to do when things need to be repaired around the house. They are at a loss when something goes wrong with their cars.

7 When we know the oneness of all things, we are also cognizant of the diversity of things.

8 Those who dream by day are cognizant of many things that escape those who dream only by night.

9 People who think they know all about human nature are always hopelessly at sea when they have to do with any abnormality.

10 We do not have to know everything about something to understand it; too many facts are often as much of an obstacle to understanding as too few.

11 A century ago, Sigmund Freud was already emphasizing the importance of "negative expertise" — of having knowledge about what not to do.

12 Although he can memorize isolated facts, he is no scholar. He is able to recite information but cannot make sense of it.

NOTE

6. **when widowed** (생략절)
   = when they are widowed
7. **diversity** ≠ **oneness**(= unity)
10. **an obstacle to** ~에 대한 장애(물)
   = a barrier to, a hindrance to, an impediment to

영어 표현의 다양성 02 이해 관련 표현

1 The lowest class may have the sharpest wit, while the highest may be in want of intelligence.

가장 낮은 계층이 가장 영리한 두뇌를 갖고 있을 수 있는데, 반면에 가장 높은 계층이 가장 ~.

문맥 be in want of intelligence = have the dullest wit
intelligence = wit

2 By nature some men are quick-witted, while others are dull in understanding.

천성적으로 어떤 사람들은 이해력이 빠른데, 반면에 어떤 사람들은 이해력이 ~.

문맥 dull in understanding(= slow-witted) ≠ quick witted

3 Why was it he could so well comprehend my prior pain and now seemed so obtuse to my euphoria?

도대체 왜 그는 나의 이전의 고통은 그토록 잘 이해할 수 있었는데, 지금 나의 기쁨은 ~.

문맥 so obtuse to = not to comprehend

주의 pain ≠ euphoria

4 Lucy offered a lucid explanation of the difficult-to-grasp concept.

루시는 이해하기 쉽게 설명해 주었다, 그 이해하기 어려운 개념을.

문맥 lucid = easy to grasp(≠ difficult to grasp)

5 To understand Picasso's circumstances at that time helps us not only to grasp his life but also to grasp his subject matter.

그 당시의 피카소의 사정을 이해하면 그의 생애를 이해하는 데에 뿐만 아니라 그의 소재를 ~.

문맥 grasp = understand

6 Once this concept of the clash of civilization is grasped, it helps us make sense of many seemingly odd phenomena.

일단 문명의 충돌이라는 개념이 이해되면, 그것은 겉으로 보기에 이상한(이해할 수 없는) 많은 현상들을 이해하는 데에 도움을 준다.

문맥 make sense of (~에 대해 의미를 만들다) → 이해하다 = grasp

주의 odd = insensible = ungraspable

In order to be motivated
a man must feel needed, but
a woman must feel cherished.

EXERCISE 41

밑줄 친 부분과 문맥상 같은(혹은 반대) 말을 찾은 다음 전체의 뜻을 파악하라.

1 Although she struggled to understand what she was feeling, enlightenment eluded her.

2 The computer is at best as clever as a single clever man, and at worst less astute than that one man.

3 A good teacher makes a complicated problem easy to understand.

4 Insects are easy to understand. It's humans who are incomprehensible.

5 When we finally understand this, many seemingly senseless events become suddenly comprehensible.

6 Their thoughts are not meaningless oddities, but are sensible in context.

7 This novel still baffles critics, including those who find it incomprehensible and call it transparent.

8 They assume that because these points are crystal clear in their own mind, they must be equally lucid to their hearers.

9 From this perspective, the motivations of those who consciously sacrifice their lives for higher purposes make sense, the power of Gandhi is explicable, and the compassionate acts of the Christ are comprehensible.

10 His father tried to be sympathetic, though platonic love was an emotion beyond his ken. Sandy was relieved when the subject turned to the one they could both comprehend.

You are as happy as
you make up your mind
to be!

NOTE

8. lux 빛 (라틴어)
lucid (빛나는) → 이해하기 쉬운
pellucid (꿰뚫고 빛나는) → 아주 이해하기 쉬운
elucidate (밖으로 빛나게 하다) → 설명하다

10. kennen 알다 ((독일어) to know)
ken 지식, 이해

영어 표현의 다양성 03 이해 관련 표현

① sink into one/(one's consciousness, brain, head, or mind)

(어떤 사람 혹은 어떤 사람의 의식, 두뇌, 머릿속으로 가라앉다) → (어떤 사람이) 이해하다, 깨닫다

주의 sink 대신에 register(등록되다), seep(스미다), settle(가라앉다) 등이 흔히 사용된다.
sink into = sink in

② sink in on = dawn on/upon

(동이 트듯이 어떤 사람에게 밝혀지다) → (어떤 사람에게) 이해되다

③ drive in
rub in

drive in (몰아넣다) → (어떤 정보를 어떤 사람의 두뇌에) 억지로 집어넣다
rub in (문질러 넣다) → (어떤 정보를 어떤 사람의 두뇌에 계속해서 문지르듯이) 계속해서 집어넣다

④ take in = absorb; digest

(어떤 정보를 받아들이다, 흡수하다, 소화하다) → 이해하다, 깨닫다

주의 penetrate: [타동] (두뇌가 어떤 정보에 침투하다) → 이해하다
[자동] (어떤 정보가 두뇌에 침투되다) → 이해되다

EXERCISE 42

밑줄 친 부분에 주목하면서 전체의 뜻을 파악하라.

1 To me, in its largest sense, religion means self-realization or knowledge of self.

2 It was slowly seeping into him, the realization that it was all over.

3 The familiar voice finally seeped into his brain.

4 It took several hours for this radical new idea to seep into my consciousness.

5 The truth finally penetrated: I had lost my wife.

6 I tried to fathom his thoughts, but he remained impenetrable.

7 Tell me, boy, does anything penetrate that thick skull of yours? What do I have to do to make you understand?

8 A heavy silence fell over the courtroom as the judge's words settled in.

9 It slowly sank in on me that there was something strange about this man.

10 It gradually dawned on him that he still had hope.

11 The teacher tried to drive in his point, but the students were not interested.

12 You don't have to keep rubbing in the fact that he's getting married. I'm not an idiot. I'm very aware that he's getting married.

13 She couldn't take it all in; she simply wasn't able to grasp the full significance of what she had just heard.

14 Everything he had learned last year seemed to have leaked out of his head.

Everything happens
for the best!

영어 표현의 다양성  이해 관련 표현

❶ catch on to

(~에 대해 포착하다) → ~을 이해하다, 깨닫다 [동작 표현]

참고 catch on 이해하다, 깨닫다
be on to (~에 대해 포착한 상태에 있다) → ~에 대해 알고 있다 [상태 표현]
grasp (1차적인 의미) 손이나 팔로 잡다
(2차적인 의미) 두뇌로 잡다 → 파악하다, 이해하다
comprehend (완전히 잡다) → 두뇌로 잡다 → 파악하다, 이해하다

❷ pick up on

(~에 대해 줍다) → 파악하다, 이해하다

❸ get a fix on

(~을 고정시키다) → ~을 두뇌로 분명히 잡다 (파악하다, 이해하다)

참고 get a visual fix on (~을 시각으로 고정시키다) → 눈으로 보다

❹ get a handle on, have a handle on

get a handle on (~에 대한 손잡이를 얻다) → 파악하다 [동작 표현]
have a handle on (~에 대한 손잡이를 갖고 있다) → 알고 있다 [상태 표현]

❺ put one's finger on

(~에 자기 손가락을 놓아) → 정확하게 가리키다, 알아내다

참고 pinpoint (핀의 끝) → 정확하게 가리키다
pin down (핀으로 고정시키다) → 정확하게 알아내다
identify (정체를 만들다) → 정체를 파악하다, 알아내다
place (장소) → 장소, 상황 등과 관련하여 파악하다

⑥ find out, dig out, feel out, figure out, make out, smell out, sound out, work out

find out (찾아내다) → 알아내다
dig out (파내다) → 조사해서 알아내다
feel out 느낌으로 알아내다
figure out (모습 또는 숫자를 알아내다) → 알아내다, 산출해내다.
make out (머릿속으로 어떤 모습을 만들어 내다) → 알아내다, 이해하다
smell out (냄새로 알아내다) → 냄새를 맡아서 알아내듯이, 알아내다
sound out (소리로 알아내다) → 얘기를 들어서 알아내다
work out (노력해서 알아내다) → 생각해 보거나 남들과 상의를 해서 알아내다

Rather then being idle,
doing what you love
is a sure way to greater happiness.

EXERCISE 43

밑줄 친 부분과 문맥상 같은(혹은 반대) 말을 찾은 다음(1~4번 제외) 전체의 뜻을 파악하라.

1 The voice sounded familiar, but she couldn't place it.

2 He felt uneasy about something, but couldn't quite place what it was.

3 Something felt wrong to her lately, though she couldn't quite pin it down.

4 It sounded about forty feet away, but he could not pinpoint its location.

5 We couldn't hear exactly what they were saying, nor could we make out their faces.

6 When she paused to listen, she could surely hear him coming, but her inability to get a visual fix had her obviously terrified.

7 Something about him had certainly changed. It wasn't something she could quite put her finger on — and her inability to identify the difference troubled her.

8 Nobody knows we're involved, and nobody will catch on.

9 Determining a dinosaur's overall shape from fossils is a piece of cake compared with figuring out the details.

10 They were too slow to catch on to what was happening and too slow to act once they figured things out.

11 Bruce appeared as stumped as Elizabeth, but suddenly his eyes lit up. "Maybe if we can figure that out," he said thoughtfully, "it'll help us understand what's going on."

12 Ronald Reagan's official biographer admits he can't get a good fix on the former president. Edmund Morris described Reagan as "the most mysterious man I have ever confronted. It is impossible to understand him. I only came out of despair when I found out that everybody else who had ever known him, including his wife, is equally bewildered."

Failure doesn't mean
God has abandoned you...
It does mean
God has a better idea!

- Robert H. Schuller

종합 연습 1

❶ Jimmy is so unreliable you can never count on him.

지미는 너무도 신뢰할 수 없는 사람이어서 너는 결코 그를 신뢰할 수 없다.

문맥 count on = rely on

❷ The key to our system is making connections between seemingly unrelated fields.

우리 시스템의 핵심은 겉으로 보기에 관련 없는 분야들을 관련시키는 것이다.

문맥 unrelated = unconnected

❸ He lost his job and is looking for employment.

그는 일자리를 잃어서 일자리를 구하고 있다.

문맥 employment = a job

❹ She has a good job and is better off now than she was when (she was) unemployed.

그녀는 좋은 직장에 다니고 있다, 그래서 직장이 없었을 때보다 지금 형편이 더 낫다.

문맥 waw unemployed = didn't have a job

EXERCISE 44

밑줄 친 부분과 문맥상 같은(혹은 반대) 말을 찾은 다음 전체의 뜻을 파악하라.

1 They were not unacquainted with misfortune, having endured more than their share of adversity.

2 Although we had matured physically and intellectually, we had not kept pace emotionally

3 By becoming physically relaxed, you can unwind mentally and emotionally.

4 I know for certain I'm not being watched. My house isn't under observation.

5 He wasn't pretending to be worried about her; he was genuinely concerned.

6 Most modern languages are drived from earlier versions which we would find it hard to understand today.

7 Scientists estimate that 10 million Americans suffer from seasonal depression and 25 million more develop milder versions.

8 Poorer children at age five are already more fearful, anxious, and sad than their better-off peers.

9 Though he is living in poverty, he does all he can to help the needy.

10 He'd had a happy childhood here in spite of deprivation. As a kid, he hadn't even realized that his family was poor.

11 Although he constantly complained of poverty, he was found, when he died, to have been for from destitute.

12 I used to think I was poor. Then they told me I wasn't poor, I was needy. They told me it was self-defeating to think of myself as needy, I was deprived. Then they told me underprivileged was overused. I was disadvantaged. I still don't have a dime. But I have a great vocabulary.

13 Although there was nothing haughty about him, his behavior could have been mistaken for arrogance.

14 I'd been rather smug at times, but that arrogance suddenly vanished.

15 He was surprisingly unassuming in contrast to her barely concealed arrogance.

16 Conceited? He would gain five pounds just from swallowing his pride.

17 I felt like a giant but knew from my mother that I should avoid pride, so I sat there trying not to be too bigheaded.

18 Walking in exotic country, I fell into a trance, but the euphoria did not last for long.

19 What you eat may play a big role in your risk of developing skin cancer, the most common malignancy in the United States.

20 Stupid persons are bored when they have nothing to do. Work with the majority is their only refuge from ennui.

21 Many experts in the field of addiction say it is more difficult to get off cigarettes, if you are truly hooked, than off cocaine.

22 Sometimes Bobby is as self-possessed as a rock, so calm that you have to wonder if he is actually listening to you.

23 In matters of romance, she was innocent, perhaps even more naive than she realized.

24 He was a sensitive man, more vulnerable than most to the emotional effects of music, poetry, fine paintings, fiction, and the other arts.

25 That was a singularly melancholy song, too somber to be in sync with the moment. I had to shut it off before it depressed me.

26 The hillside was steep, but not so precipitous as to be unnegotiable. He went down fast because there was no other way to go.

27 Indubitable on their face, these axioms are less obvious than they seem.

28 Some people who are irritated by a particular pollen are equally sensitive by the *idea* of the pollen.

29 Hollywood is the land of make-believe. Actors pretend they're someone else, and when the movie's finished, the producers make believe it's good.

30 Pretend self-esteem. Fake optimism, Simulate outgoingness.

31 A woman's mind is not inferior to a man's. It's just "different" and a woman's intellect has a different range.

32 Most old people have adequate levels of growth hormones; those who do not have sufficient growth hormone age faster and more severely than normal.

33 Impatience is the desire to have your needs met first. When your needs are taken care of, do you not then have patience with the needs of others?

34 Before his injury, Tom used to jump from the stairs, heedless of the "No Jumping" sign. Now he pays attention to it.

35 The laws of any civilized country are so numerous and so complicated that no one can ever be fully acquainted with all of them. Every man, however, is supposed to know the law.

36 Before long, computer literacy will be universal as knowing how to drive. Only under special circumstances will people not know how to use a computer.

37 The self-concept, a person's ideas or perceptions about himself, is one of the most important single factors affecting his behavior.

38 Most scientists accepted the new quantum laws because they seemed to explain a whole range of previously unaccounted-for phenomena.

39 Science may in principle describe the structure and actions of man as a part of physical nature, but man is not thus completely accounted for.

40 Never will I understand adult children who live off their parents. Equally puzzling are parents who are willing to allow this situation to occur.

41 Circumstances alone do not make us happy or unhappy. It is the way we react to circumstances that determines our feeling.

42 While cynics may deride the goal of disarmament as utopian, others believe that laughing contemptuously at idealism leads nowhere.

43 Alcohol is a very necessary article. It makes life bearable to millions of people who could not <u>endure</u> their <u>existence</u> if they were quite sober.

44 Broadening our definition of exercise to include less strenuous activities is sure to make the <u>concept</u> of <u>workout</u> more attractive to more people.

45 As the smaller things <u>come into being</u>, you can make the major things occur.

46 All human minds have inherent creative capability, even through they differ in their level of creative power and in the degree of usefullness of the things they <u>bring into being</u>.

47 I expected a miracle to happen, then and there, and a miracle did <u>take place</u>. But, as so often happens with a major change, it <u>came about</u> over a period of time.

48 Remembering is easier when what we are trying to memorize is related to something we already know; hence many memory methods urge that we try to <u>associate</u> something new with something we know very well.

49 Some drugs with <u>overt</u> withdrawal symptoms, such as heroin, were considered <u>addictive</u>, while drugs such as cocaine, with less obvious withdrawal symptoms, were considered to be nonaddicting.

50 Even today for all the sophisticated methods that can <u>detect</u> thousands of chemicals in vanishingly small concentrations, it's possible that <u>some poisons go undiscovered</u>.

종합 연습 2

❶ He was not frightened of things that scared most kids.

그는 무서워하지 않았다, 대부분의 아이들이 무서워하는 것들을.

문맥 that scared most kids = that most kids were frightened of

❷ Wherever there is plenty of rain during the growing season, life is abundant in various forms.

성장하는 계절 중에 비가 풍부한 곳에서는 어디서나, 다양한 형태의 생물이 풍부하다.

문맥 life is abundant in various forms = there is plenty of life in various forms

❸ Many managers are willing to criticize, but frugal with praise.

많은 경영자들은 비판은 잘하나 칭찬은 잘하지 않는다.

문맥 frugal with praise = unwilling to praise

❹ You should remember that questions whose meanings seem perfectly obvious to you may not be clearly understood by others.

너는 기억해야 한다, 너에게 의미가 완전히 분명해 보이는 물음들이 다른 사람들에게는 분명하지 않을 수 있다는 것을 말이다.

문맥 clearly understood by others = obvious to

EXERCISE 45

밑줄 친 부분과 문맥상 같은(혹은 반대) 말을 찾은 다음 전체의 뜻을 파악하라.

1 An autopsy found that he had two arteries that were almost totally clogged, and a third with a 50% blockage.

2 I'm a great believer in trusting one's gut. My own gut has never failed me. What one feels is often more important than what one thinks.

3 Some cultures frown on overt display of feeling; others encourage emotional expressiveness.

4 A good trial lawyer will argue only what is central to an issue, eliminating extraneous information.

5 It takes patience to appreciate domestic bliss; volatile spirits prefer unhappiness.

6 Given a placebo, or dummy drug, 30 percent of patients will experience the same pain relief as if a real painkiller had been administered.

7 Here's the basis for right action: to refrain from all that is divisive and contentious, to do what promotes harmony and unity.

8 Asked whether he thought ignorance and apathy were the greatest problems facing the world today, he shrugged and answered, "I don't know and I don't care."

9 If Matisse exasperates so many, his enthusiasts are equally numerous. The two go hand in hand. An artist must be hated by some to be fervently loved by others.

10 In its sensitivity to explosion, nitroglycerin could well be described "capricious," sometimes exploding when tickled with a feather and at other times capable of abused or used in extremely inappropriate ways with no difficulty.

11 The biggest difference between people who succeed and those who do not is not usually talent but persistence. Many brilliant people give up. But highly successful people don't quit.

12 "Baby?" Kathy repeated hollowly. "What baby?" She wasn't sure what Elizabeth was talking about, and her mind, clogged with confusion, couldn't seem to get a hold on anything. Then she knew that Elizabeth must be referring to the doll.

13 Most of us develop the skills to communicate, more or less effectively, in the situations we meet every day. But unexpected or unfamiliar situations may find the most articulate at a loss.

14 Too little thyroid hormone will lead to sluggishness and inertia; too much results in rapid heartbeat, increased mental activity, and higher oxygen consumption.

15 Spending on durable goods, items meant to last more than three years fell 1.4 percent after posting a 3 percent gain in August. Slack automobile demand accounted for most of the decrease. Durable goods spending had declined 1.2 percent in July.

16 Without innovation, society cannot progress. Yet without an intellectual tradition to follow, real innovation is not possible. A free-thinking society with no cultural heritage will flounder just as surely as a tradition-bound society with no independent thought.

17 Only sane people question their sanity. Genuine madmen are always firmly convinced of their rationality. Therefore, he must be sane even to be able to doubt himself.

18 Dissatisfaction is the first step in progress. Were we all completely satisfied with the existing state of affairs, there would be no progress. It is only when we are not content with things as they are that we decide that something must be done to improve them.

19 We all have a deep-rooted need to feel we're part of something larger than us. This need, which psychologists call an affiliation drive, encompasses people, places, and possessions. Our instinct for belonging – for being wanted, accepted, enjoyed, and loved by close ones – is extremely powerful.

20 We must understand the dream or vision will always be beyond the accomplishment. This painful separation of what we see we could be and should be and what we are will remain as long as we are man. For, as accomplishment approaches vision, it is natural for man to extend and broaden the vision... This painful separation of dream and accomplishment does not discourage the teacher. Rather, he is encouraged by the fact that the strain created by this separation is probably the chief cause of all growth.

21 Whereas growing civilizations display endless variety and versatility, those in the process of disintegration show uniformity and lack of inventiveness.

22 Some of the most miserable people I know are those who have a knack for unrealistic expectations. If you want to be truly frustrated, set your goals out of reach.

23 Some of the unhappiest people in the world are those who cannot forget injuries inflicted on them in the past. Others are equally miserable, because they cannot forget wrongs they have done others.

24 Although for centuries literature was considered something which would instruct as well as entertain, the modern reader has little patience with didactive works and seeks only to be distracted.

25 Do not fear when your enemies criticize you. Beware when they applaud.

26 It is not what happens to us that makes or breaks our happiness, but how we respond that counts for so much.

27 Events themselves aren't stressful — it's how we conceive them that makes us feel tense.

3

이렇게 읽으면 빠르게 읽을 수 있다

비결 ⑨

화제를 찾아라

어떤 글을 빨리 읽으려면
우선 그 글이 무엇에 관한 얘기인지를
파악해야 한다.

Topic으로 가는 길에는
Key Words라는 안내자가 있다.
Key Words는 같은 말이
반복해서 사용되는 경우도 있으나,
흔히 얼굴을 바꾸어 같은 뜻을 나타내는
다른 말(동의어)로 나타나는 경우가 많다.

화제를 찾아라 01 Key Words → The Topic

❶ Jeff got a factory job. Shirley got her position at Southland Timber Company.

화제 취직

요지 Jeff – 공장, Shirley – 목재 회사

문맥 position = job

❷ It's been eight years since Alfred retired and four years since I stopped working.

화제 은퇴

요지 Alfred – 8년, 나 – 4년

문맥 stopped working = retired

❸ When there's a birthday, wedding, or other gift to buy, are you the one who has to purchase it?

화제 선물 구입

문맥 purchase = buy

❹ Don't make purchases too quickly. You're likely to buy things that will sit around and never be used.

물건을 너무 빨리 사지 마라. 물건을 사놓고 주위에 놔두기만 하고 한 번도 사용하지 않을 가능성이 있으니까 말이다.

문맥 buy things = make purchases

EXERCISE 46

밑줄 친 부분과 문맥상 같은(혹은 반대) 말을 찾은 다음 전체의 뜻을 파악하라.

1 He was so polite that he was courteous even to his own children.

2 The land was truly parched, so arid that even the hardest plants could not survive.

3 Americans have always been a restlessly mobile people, but their new migratory habits are quite different from those of the past.

4 He decided that from that moment on, he'd emulate Jonathan. He'd copy his every gesture and his every word.

5 The student's first step in learning to speak a foreign language requires mimicry. He listens to a model and imitates what he hears.

6 Few parents nowadays pay any regard to what their children say to them; the old-fashioned respect for the young is fast dying out.

7 The outbreak of hostilities did not at first affect Einstein's daily life. The general feeling was that the war would be short.

8 Now the two political parties in America have split to a much greater extent along economic lines reminiscent of the national division during the Depression.

NOTE

7. **The general feeling was that ~**
= Most people believed that ~

9 The woman, who needs constant <u>attention</u>, is <u>cared for</u> by her relations.

10 The speaker tried to <u>pacify</u> the mob, but he could not calm them down.

11 The same drugs that <u>alleviate</u> suffering in humans mitigate <u>the cries and other signs of pain</u> in many other animals.

12 The same metal that makes kitchen foil <u>serves as</u> armor for battlefield tanks.

13 The material of lawn chairs and baseball bats also <u>forms</u> the vital parts of air and space vehicles.

14 Indeed, the open conflict these days is no longer solely Jew vs. Arab. Jews themselves are increasingly <u>at odds</u> with each other.

15 Harry knew better than to think the match would be cancelled; Quidditch matches weren't <u>called off</u> for trifles such as thunderstorms.

16 These are the times when honest disagreement is <u>written off</u> as bias, when a dedication to standards is dismissed as elitism.

17 For every 20 bombs that exploded, on average one failed to <u>go off</u>.

18 The next morning's brilliance and warmth more than <u>offset</u> the previous day's dullness and cold, as if nature was trying to compensate for her capriciousness.

19 Nuns in Thailand formally commit to following eight rules. In addition to the eight formal <u>precepts</u>, a nun must <u>live by</u> many <u>implicit</u> rules.

20 We encourage all organizations and individuals involved in Benchmarking to abide by this code of conduct. Adherence to these principles will contribute to efficient, effective, and ethical Benchmarking.

21 Though normally she worked just Monday, Wednesday, and Saturday, Mary Ellen was in today; she wanted Saturday off this week for her son's birthday party.

22 Some days he put in as little as ten miles, and other days he traveled more than thirty.

23 Whenever I have an argument with anyone, it always seems that I'm the one to concede, because the other person just won't give in.

24 Your best hope is to get a third party to intervene. I suggest a family member who has her respect, or perhaps your doctor or clergyperson might step in.

25 He felt as if he was going to puke. But he had not eaten breakfast and had nothing to toss up.

26 "Jeez, you look like you're gonna puke!" For a second Josh truly thought he was going to throw up.

27 Perhaps I am fearful of giving voice in dreams to the sentiments I choose not to express when awake.

NOTE

26. "Jeez" is a euphemism for "Jesus."

28 The ability to express gratitude rests with the few. They are born with the gracious tongue and the right word, but the majority of us have to acquire the art of framing our gratitude in the most effective words.

29 You will dazzle others with your charming way of putting things. Communication will definitely win you points.

30 Several types of forget-me-not plants grow best in cool, damp places, but others do well in dry soil.

31 If parents and teachers expect a child to do badly in school, their expectations might, through the "power of suggestion," actually cause the child to fail.

32 He proceeded directly to the nearest men's room. Fortunately, no one else was in the lavatory.

33 "What's that monstrosity over there on the right?" "The state penitentiary," Brad replied. Elizabeth shuddered; prisons gave her the creeps.

34 No one can be as calculatedly rude as the British, which amazes Americans, who do not understand studied insult.

35 Truth, like beauty, is sufficient unto itself. The cause of knowledge needs no partisan support; it stands on its own merit.

36 I think a lot about my uncle these days, especially when I begin to feel sorry for myself. He never allowed himself to indulge in self-pity.

37 Paul's Mediterranean complexion didn't make a blush easy to detect, but Tom thought his face brightened.

38 I blush at the drop of a hat. I can turn red if someone mentions "toilet paper." And the harder I try not to blush, the more florid my face becomes.

39 A number of carcinogenic substances have been found in polluted city air, but there is no direct evidence that these compounds cause cancer in humans at the concentration observed.

40 Don't be too worthwhile. Always keep a few character defects handy. People love to talk about your frailties. If you must be noble, keep it to yourself.

41 Being afraid of a microphone is rare today because it's such a familiar gadget, but mike fright has afflicted some prominent people.

42 My son dropped out of school six months ago, because he kept falling asleep in class and flunked everything. When we caught him snorting cocain in his room, we put him in a rehabilitation center. But he was doing coke again two weeks after he swore he was "straight."

비결 ⑩

안내어에 주목하라

영어에서 흔히 볼 수 있는 문맥 안내어에는 also, so, too와 같은 '유사' 안내어와 but, although, whereas와 같은 '대조' 안내어, especially, particularly와 같은 '강조' 안내어가 있다.

안내어에 주목하라 01

1 In addition to being physically strong, an Olympic athlete must **also** be mentally tough.

신체적으로 건강해야 할 뿐만 아니라, 올림픽 운동선수는 정신적으로도 건강해야 한다.

문맥 유사 안내어 also로 보아, tough = strong임을 알 수 있다.

2 Many young geniuses in the music world were **also** proficient at math.

많은 젊은 음악 천재들은 수학에도 천재였다.

문맥 proficient at = geniuses in

3 I like Korean food, but I **also** have a craving for exotic dishes.

나는 한국 음식을 좋아한다. 그러나 나는 외국 음식도 좋아한다.

문맥 have a craving for = like

4 It felt good to be back in a classroom. It was **also** exhilarating to discover that my brain would still function.

교실에 돌아오니 기분이 좋았다. 내 두뇌가 여전히 기능하리라는 것을 아는 것 또한 기분이 좋았다.

문맥 was also exhilarating = also felt good

EXERCISE 47

밑줄 친 부분과 문맥상 같은(혹은 반대) 말을 찾은 다음 전체의 뜻을 파악하라.

1 It is a terrible thing to be born mentally retarded. Few people realize, however, that it is also an affliction to be born a genius.

2 Take the case of emotional disorders, afflictions that about one in two Americans experiences over the course of life. A study of a representative sample of 8,098 Americans found that 48 percent suffered from at least one psychiatric problem during their lifetime.

3 Faith is clearly not enough for many people. They crave hard evidence, scientific proof. They long for scientific seal of approval.

4 Some people crave ice cream. Others find solace in fudge or cheesecake. I love bread.

5 Young readers (ages six to nine) enjoy books about their hobbies and interests. Older children (ages nine to twelve) go for humor, folk tales, longer poems, classics like *Huckleberry Finn* and more complex stories.

6 A bag of rice that went for less than $1 before the war costs more than $20 at black-market rates.

7 By next summer, a pound of hamburger that currently sells for $1.79 could be going for $2.40.

안내어에 주목하라 02

1 People who are altruistic in terms of time **also** donate money.

남을 위해 시간을 내주는 사람들은 돈도 내준다.

문맥 are altruistic in terms of time = donate time (for another or others)

2 Schizophrenia tends to be genetic — that is, it runs in families. It is **also** caused by environmental and social factors.

주의 밑줄 쳐진 부분으로 보아 이것은 '정신분열증의 원인'에 대한 얘기임을 알 수 있다. 첫째 문장에서는 genetic이나 run in family라는 말 중에서 어느 하나만 알면 이해할 수 있다.

요지 정신분열증의 원인: 1. 유전 2. 환경과 사회적 요인들

문맥 be genetic = run in families

3 He was swamped by emotion, **as** a novice surfer was overwhelmed by each cresting wave.

그는 감정에 압도되었다, 초보 서퍼가 매번 정점의 파도에 압도되듯이.

문맥 swamped = overwhelmed

4 He exudes confidence **the way(=as)** a lamp gives off light.

그는 자신감을 내뿜는다, 등불이 빛을 내뿜듯이.

문맥 exudes = gives off

EXERCISE 48

밑줄 친 부분과 문맥상 같은(혹은 반대) 말을 찾은 다음 전체의 뜻을 파악하라.

1 I had known him to be mysterious in the past, but never quite so enigmatic as this.

2 Tom is obedient, but his brother is not so docile.

3 Extremely suspicious people had a greater rate of mortality than those who were not so mistrustful of others.

4 We are inventions of our genes, our culture, our society, our particular upbringing, but oddly enough we're not aware of being so utterly contrived.

5 Every good story is carefully contrived; the elements of the story are planned to fit with one another in order to make an effect on the reader.

6 While strong feelings can create havoc in reasoning, the lack of the awareness of feeling can also be ruinous, especially in weighing the decisions on which our destiny largely depends.

7 They had understood the purpose of Bobby's camera, and they had stolen it. They filched his new camera, too.

안내어에 주목하라 03

❶ Gradually my wild breathing subsided. The rabbit-fast beat of my heart decelerated, **too**.

나의 걷잡을 수 없던 호흡이 차츰 가라앉았다. 토끼처럼 빠르던 나의 심장 박동도 진정됐다.

문맥 decelerated = subsided

주의 안내어 too는 '동일하게 긍정적인 내용' 임을 보여준다.

❷ Muscles don't atrophy from use, **nor** do eyes wear out from too much seeing.

근육은 (지나치게 많이) 사용한다고 마모되지 않는다. 눈도 지나치게 많이 본다고 닳지는 않는다.

문맥 wear out = atrophy

주의 안내어 nor는 '동일하게 부정적인 내용' 임을 알려준다. neither도 마찬가지다.

❸ He beamed, and she smiled **back**.

그가 미소지었다. 그러자 그녀도 미소로 답례했다.

문맥 beamed = smiled

주의 안내어 back은 '같은 동작' 임을 보여준다.

EXERCISE 49

밑줄 친 부분과 문맥상 같은(혹은 반대) 말을 찾은 다음 전체의 뜻을 파악하라.

1 There are no peoples, however primitive, without religion. Nor are there any savage races lacking in science.

2 We tried to speak matter-of-factly, but we had been through far too much together for me to be fooled. Neither was he taken in by some reassuring words I managed to come up with.

3 Ellen became friendly with a group of people on a computer bulletin board. She was particularly chummy with one man.

4 Elizabeth was the most honest and straightforward person he knew. She was especially upfront on this issue.

5 Bohr immediately sensed the importance of the nuclear fission — a term coined by Frisch by analogy to cell division in biology — experiment observed by Hahn.

6 People have habits that can be annoying to others. Students who click their ballpoint pens in class drive me up a wall. People who don't put the cap back on a tube of toothpaste are another source of irritation. Unfortunately, we all do things unconsciously that bother other people, but that is because we are all only human.

안내어에 주목하라 04

1 If I marveled as he achieved success in professional sports, what impressed me **more** was how he used dignity and restraint as weapons against opponents.

내가 그의 프로 스포츠에서의 성공에 감탄했다면, 내가 더욱 감탄한 것은 그가 품위와 절제를 상대에게 대항하는 무기로 사용한다는 점이었다.

주의 밑줄 친 부분들은 다음과 같이 바꿀 수 있다.

1. If I marveled as = What impressed me was that ~
2. what impressed me more was how ~ = I marveled more as ~

2 Having been unable to protect herself was not the source of her humiliation; what mortified her **worse** was her failure to fulfill her promise.

자기 자신을 보호할 수 없었던 것이 그녀에게 굴욕감을 준 것이 아니었다. 그녀에게 더욱 굴욕감을 준 것은 자신이 약속을 지키지 못한 것이었다.

주의 밑줄 친 부분들은 다음과 같이 바꿀 수 있다.

1. the source of her humiliation ~ = what mortified her ~
2. what mortified her worse ~ = the worse source of her humiliation ~

문맥 mortify = humiliate

EXERCISE 50

밑줄 친 부분과 문맥상 같은(혹은 반대) 말을 찾은 다음 전체의 뜻을 파악하라.

1 Of all the unusual things about Harry, this scar was the most extraordinary.

2 Trouble often followed voices raised in one kind of passion or another. Sometimes, however, the worst offenses were preceded by calculated silences.

3 He knew that he had no reason to be furious with this woman, but he was livid nonetheless.

4 We are always ready to believe the strangest things. Man is the most credulous beast.

5 Today she was in an acceptive mood, believing everything he told her — in sharp contrast to yesterday's stubborn incredulity.

6 Albeit merciful by nature, he was implacable toward the murderer.

7 Mental tension usually brings on physical tension. You can turn the table: by becoming physically relaxed, you can unwind mentally.

8 Self-sacrificers are in their element when they are giving pleasure or assistance to others, but they are not comfortable when the tables are turned.

NOTE

1. 기본어순
This scar was the most extraordinary **of all the unusual things about Harry.**

비결 ⓫

문맥 의미를 읽어라

우리가 읽어야하는 것은 표면 의미가 아니라 문맥 의미다. 왜냐하면 전자는 어떤 정보를 개인적인 방법으로 표현한 의미라면, 후자는 그 정보를 가장 보편적인 방식으로 표현한 의미이기 때문이다. 표면 의미가 방언이라면, 문맥 의미는 표준어라고 볼 수 있다.

문맥의미를 읽어라 01

1 What makes a study scientific is not the nature of the things with which it is concerned, but the method by which it deals with these things.

어떤 연구를 과학적인 연구로 만드는 것은 연구하는 대상의 성격이 아니라, 이 대상을 연구하는 방법이다.

표면 is concerned with ~에 관심을 갖다. deals with ~을 다루다

문맥 is concerned with = deals with(= studies)

2 Just as theologians worry about the nature of God and physicists worry about the nature of matter, historians brood about man's past.

화제 연구 대상: 신학자 – 신의 성격, 물리학자 – 물질의 성격, 역사학자 – 인간의 과거

표면 brood about ~에 대해 많이 생각하다

문맥 brood about = worry about(= study)

3 Physicists love to think about the nature of light, and biologists become absorbed in pondering the shapes of living things.

화제 좋아하는 연구 대상: 물리학자 – 빛의 성격, 생물학자 – 생물의 형태

표면 become absorbed in pondering ~ 몰두하여 ~에 대해 깊이 생각하다

문맥 become absorbed in pondering = love to think about

4 He never claimed to be wise; he always professed ignorance.

그는 한번도 자기가 유식하다고 주장하지 않았다. 그는 언제나 자기가 무식하다고 주장했다.

표면 wise 현명한

문맥 wise(= learned) ≠ ignorant
professed ignorance = claimed to be ignorant

5 The conscious has no access to the data in the subconscious, but the subconscious knows everything that transpires in the conscious mind.

의식은 무의식 안에 들어 있는 정보를 모른다, 그러나 무의식은 의식 안에 들어 있는 모든 정보를 안다.

표현 has no access to ~을 볼 기회가 없다

문맥 has no access to(= doesn't know) ≠ knows
everything that transpires in the conscious mind (의식 속에서 벌어지는 모든 것)
= all the data in the conscious

6 It used to be that you could get along with any organization if you knew the right secretaries. Now you have to cozy up to the computer.

과거에는 어떤 조직과 잘 지내려면 관련된 비서들을 알면 되었다. 지금은 컴퓨터를 알아야 된다.

표현 cozy up to ~와 친구가 되다

문맥 cozy up to = know
It used to be that~ (= Formerly~) ≠ Now

Our greatest glory
is not in never failing,
but in rising
every time we fail.

- Confucius

EXERCISE 51

밑줄 친 부분의 문맥의미에 주의하면서 전체의 뜻을 파악하라.

1 Renown is a source of toil and sorrow; obscurity is a source of happiness.

2 The poor think they will be happy when they become rich. The rich think they will be happy when they are rid of their ulcers.

3 Some of the most ignorant people I know have advanced degrees to show for their education while some of the wisest people I know never made it past high school.

4 Some students are well educated with thirty credits while others will not belong to the educated community if they take sixty times sixty credits.

5 Those who feel certainty are stupid, and those with any imagination and understanding are filled with doubt and indecision.

6 The number of physical phenomena amenable to scientific explanation increases with each passing decade, whereas our scientific knowledge of human conduct remains relatively insignificant.

7 Just as a depressed mind can suppress the immune system, positive emotions can enhance it.

8 In the old days, people respected one another.
Today, too many people are downright insolent.

9 Manners are especially the need of the plain. The pretty can get away with anything.

10 Simple as such questions sound, they are rarely answered clearly.

11 Some people prefer a formal work environment, while others are more comfortable in an unstructured area.

12 People can be extremely religious in a formal way, yet profess values in everyday life that are thoroughly secular.

13 Even though he professed a fervent belief in religion, he was a lukewarm practitioner of good works toward his fellowmen.

14 We rarely get colds when our lives are going well, but the sniffles begin, as if on cue, when a problem at work or home overwhelms our capacity to cope.

15 Too many stress hormones disrupt your ability to cope. Less than 20 percent of people are effective in crises such as fires or floods.

16 In our country, actors feel above waiters, and waiters would not stoop to something like cleaning streets.

17 Getting married is easy. Staying married is more difficult. Staying happily married for a lifetime should rank among the fine arts.

18 Van Gogh had been loath to accept labels of a mad genius and must have been equally averse to the role of an artist overwhelmed.

19 If the cliff required few orthodox climbing techniques, it demanded a whole new repertoire of skills instead.

20 Worry is, in a sense, a rehearsal of what might go wrong and how to deal with it; the task of worrying is to come up with positive solutions for life's perils by anticipating dangers before they arise.

21 The brain holds on to what it needs and quickly forgets what is irrelevant.

22 The prosecutor interrupted. "Your honor, I assure you that my line of questioning is relevant to the testimony we have just heard. It also has to do with the defendant's competency as a doctor."

23 Morality was a primitive concept, useful in earlier stages of social evolution, but without relevance in the modern age.

24 Unfortunately, the technology employed to send men to the moon has little relevance to the problems of the inner city.

25 Where love rules, there is no will to power, and where power predominates, love is lacking.

26 Where literacy thrives the folklore decays while a flourishing folk culture is evidence of a relatively low level of literacy.

27 Even a mediocre idea that is put into practice is far more valuable than a flash of genius that languishes in a fallow, undisciplined mind.

문맥의미를 읽어라 02

❶ There are all kinds of inhomogeneities on the scale of galaxies and clusters, but on the very large scale the universe is fairly uniform.

표면 은하계와 성군(星群)의 규모에서는 온갖 종류의 비동질성이 있다.

문맥 아주 작은 관점에서 보면 우주는 동질적이지 않다 (On the very small scale the universe is not uniform)
inhomogeneous(= not uniform) ≠ uniform

❷ In terrestrial affairs we think of "big" as being complicated; a city is more intricate than a village, an ocean is more complicated than a puddle. For the universe, the reverse seems to be the case: bigger is simpler.

표면 지구의 문제에서 우리는 "큰" 것은 복잡한 것이라 생각한다. 그래서 도시는 마을보다 더 복잡하고, 바다는 웅덩이보다 더 복잡하다.

문맥 지구의 관점에서는 더 크면 더 복잡하다 (For the earth, bigger is more complicated)
intricate = complicated ≠ simple

EXERCISE 52

밑줄 친 부분의 문맥의미에 주의하면서 전체의 뜻을 파악하라.

1 Why does one see beauty in an ocean, while another is unmoved?

2 Some people seem to know how to extract nourishment from an environment that others find hopelessly barren.

3 In apparent distinction to the sexually inhibited Freud, Einstein displayed an overt interest in young women, who often showed interest in him.

4 The funeral service was a reminder of mortality, for them a haunting evocation that one day they too must meet their Maker and answer for the charges laid against them.

5 It is only through the heart that one sees rightly. What is essential is invisible to the eye.

6 We do not care to look at the same thing all the time. If we are to be interested in a display, something distinctive and original must be shown. Imitation cannot be practiced forever.

7 Men are not equal in physical strength, intelligence, attractiveness, or health. In these characteristics the law of nature is diversity.

8 The chief test of civilization is the amount of "difference" it can tolerate; the one characteristic of all primitive societies is a horror of diversity.

9 Hall, ordinarily extremely slow to anger, flew into a rage when he learned of Woodall's refusal to cooperate.

10 All too often the person who is ordinarily cautions gets into a bad situation because alcohol has reduced his or her inhibitions.

11 He rarely used foul language, but now he strung together all the vile words and phrases that he knew, cursing God and the universe and life—and himself.

12 People who normally would tear him apart, were praising him with tears in their eyes.

13 Although many people would be appalled that their own religion might be described as vicious or intolerant, they will readily agree that the world's other religions have a lot to answer for.

NOTE

9. Hall, ordinarily extremely slow to anger (구)
= Hall, who was ordinarily ~ (절)

비결 ⑫

유형을 읽어라

유형을 알면 다음에 나오는 내용을 예상할 수 있다. 따라서 유형을 읽으면 더욱 빠른 독해가 가능하다.

Many managers are willing to criticize, but frugal with praise.

많은 경영자들은 비판을 잘 한다, 그러나 칭찬은 잘 하지 않는다.

문맥 frugal(= unwilling) ≠ willing
with praise(= to praise) ≠ to criticize

위의 예문에서 볼 수 있듯이, 영어 문장에는 일정한 유형이 있는 경우가 많다. 그 중 가장 흔한 것이 '대조' 유형과 '유사' 유형이다.

유형을 읽어라 01 대조 유형

① We hope vaguely but dread precisely.

우리가 바라는 것은 막연하다, 그러나 두려워하는 것은 정확하다(=막연하지 않다).

문맥 dread ≠ hope.　　precisely(= not vaguely) ≠ vaguely(= not precisely)

② He adores simplicity; he deplores the complications growing alongside the "advances" of our civilization.

그는 단순함은 무척 좋아하고, 우리의 문명의 '발전'에 따른 복잡함은 무척 싫어한다.

문맥 adore(= like very much) ≠ deplore(= dislike very much)
simple(= not complicated) ≠ complicated(= not simple)

③ Fiction reveals the truths that reality obscures.

소설은 진실들을 드러내준다, 현실이 감추는 그 진실들을.

문맥 fiction ≠ reality.　　reveal ≠ obscure

④ His eyes betrayed the anxiety that his voice attempted to conceal.

그의 눈은 불안감을 드러냈으나 그의 목소리는 그것을 감추려고 했다.

문맥 conceal(= obscure) ≠ betray(= reveal)

⑤ Wealth is conspicuous, but poverty hides.

부는 자신을 드러낸다, 그러나 가난은 자신을 숨긴다(= 드러내지 않는다).

문맥 wealth ≠ poverty(= lack of wealth)
is conspicuous(= reveals itself) ≠ hides(= conceals itself)

⑥ The formerly impossible task is now feasible through the new technology.

과거에 불가능했던 그 일이 지금은 새로운 기술 덕택에 가능하다.

문맥 formerly ≠ now.　　impossible ≠ feasible(= possible)

EXERCISE 53

밑줄 친 부분과 문맥상 같은(혹은 반대) 말을 찾은 다음 전체의 뜻을 파악하라.

1 He who formerly was thoughtless and afterwards became reflective lights up this world like the moon when freed from a cloud.

2 The once rickety Brazilian democracy is now on solid footing.

3 Certain practices that were once condemned as deviant are now considered normal.

4 Learning — something he had always loved — now became a torture.

5 I used to just breeze by in school, but now I have to work.

6 She was usually cool as a cucumber, but now she was totally losing her grip.

7 At that moment, the doorbell rang, its normally friendly chime taking on an ominous tone.

8 Some people believe that the appearance of a black cat is a propitious sign; others believe that black cats are ominous.

NOTE

1. **when freed from a cloud** (생략절)
→ when it is freed ~

유형을 읽어라 02 대조 유형

❶ **Personal computers have already altered work habits, but they haven't really changed our lives much yet.**

퍼스널 컴퓨터는 이미 일하는 습관은 바꾸었으나, 아직 우리의 인생을 실제로 많이 바꾸지는 않았다.

문맥 altered = changed

유형 P는 이미 X는 바꾸었으나, 아직 Y는 바꾸지 않았다.
→ 이미 하다 ≠ 아직 하지 않다

❷ **In Ireland the inevitable never happens and the unexpected constantly occurs.**

아일랜드에서는 예상한 것은 언제나 일어나지 않고 예상하지 않은 것은 언제나 일어난다.

문맥 inevitable(= expected) ≠ unexpected
never(= at no time) ≠ constantly(= at all times)
happens = occurs

유형 예상한 것은 언제나 일어나지 않고, 예상하지 않은 것은 언제나 일어난다.
→ 하지 않다 ≠ 하다

EXERCISE 54

밑줄 친 부분과 문맥상 같은(혹은 반대) 말을 찾은 다음 전체의 뜻을 파악하라.

1 When all is summed up, a man never speaks of himself without loss; his accusations of himself are always believed; his praises never.

2 You must always strive for excellence, but never seek perfection.

3 Although we had matured physically and intellectually, we had not kept pace emotionally.

4 Although he constantly complained of poverty, he was found, when he died, to have been far from destitute.

비결 ⑬

예상을 읽어라

This problem seems simple, but ~

이 문제는 간단해 보인다, 그러나 ~

여기까지만 읽으면 우리는 다음에 나올 말을 충분히 예상할 수 있다. 왜냐하면 이것은 '대조적인 정보를 담은 문장으로서 다음과 같은 말이 뒤에 나올 것이기 때문이다.

it is actually very complicated.

문맥 complicated = not simple

예상을 읽어라 01 대조 유형

1 He looks stupid, but he is not dim-witted.

그는 (겉으로는) 어리석어 보인다, 그러나 ~

예상 그는 (실제로는) 어리석지 않다.

문맥 not dim-witted ≠ stupid → (dim-witted = stupid)

2 Though they look awkward, pandas are agile.

비록 (겉으로는) 느려 보이지만, 팬더는 ~

예상 (실제로는) 재빠르다.

문맥 awkward(= slow) ≠ agile(= quick)

3 Nothing seemed to be amiss, and yet he sensed that something was wrong.

아무것도 (겉으로는) 잘못된 것이 없어 보였다, 그러나 그는 감지했다 ~

예상 (실제로는) 무엇인가 잘못되어 있다는 것을.

문맥 amiss = wrong

4 The two groups seemed similar on the surface but could not have been less alike on the deeper level of personality.

그 두 집단은 겉으로는 유사한 것 같아 보였다, 그러나 ~

예상 실제로는 상이했다.

실제 더 깊은 인격 면에서는 (그 이상) 덜 같을(=다를) 수 없었을 것이다.

5 Although superficially obedient as a child, Henry always went his own way.

비록 겉으로는 어렸을 적에 순종하는 것같이 보였지만, 헨리는 ~

예상 실제로는 순종하지 않았다.

실제 언제나 자기가 하고 싶은 대로 했다.

⑥ George insists he is an atheist, **but** in private he prays when faced with a serious problem.

George는 말로는 자기가 무신론자라고 한다, 그러나 ~

예상 사실은 그는 무신론자가 아니다.

실제 혼자 있을 때 기도한다, 심각한 문제에 부딪히면.

⑦ Some people are generous to themselves **but** very petty to others.

어떤 사람들은 자신들에게는 후하다, 그러나 ~

예상 남들에게는 후하지 않다.

문맥 petty(= not generous) ≠ generous

⑧ Men are blind to their own faults **but** never lose sight of their neighbor's.

사람들은 자기들 자신의 결점은 못 본다, 그러나 ~

예상 남들의 결점은 잘 본다.

실제 이웃들의 결점은 못 보지 않는다.

문맥 never lose sight of(= are not blind to) ≠ are blind to
their neighbor's = others'

⑨ Most social groups regard themselves as civilized, and see the ways of the world as uncivilized.

대부분의 사회 집단들은 자신들은 개화되었다고 보나 ~

예상 다른 집단들은 개화되지 않았다고 본다.

문맥 themselves = their own ways (of life)
the ways of the world = others
see = regard
uncivilized(= not civilized) ≠ civilized

10 I've seen atheists, **though** incapable of praying for themselves, nevertheless invoke the name of God on behalf of their seriously ill children.

나는 무신론자들을 보아왔다, 비록 자신들을 위해서는 기도하지 못하나 ~

예상 남들을 위해서는 기도하는 사람들 말이다.

실제 그럼에도 불구하고 심한 병을 앓는 자식들을 위해서는 기도하는

문맥 invoke the name of God = pray. on behalf of = for

11 Nothing is as great an impediment to being on good terms with others than being ill at ease with yourself.

다른 사람들과 좋은 관계에 있는 것을 막는 최대의 장애는 자기 자신과 ~

예상 나쁜 관계에 있는 것이다.

문맥 ill at ease(= on bad terms) ≠ on good terms

12 The ignorant man marvels at the exceptional; the wise man marvels at the common.

어리석은 사람은 예외적인 것에 감탄하나, 현명한 사람은 ~

예상 평범한 것에 감탄한다.

문맥 ignorant(= not wise) ≠ wise. exceptional(= not common) ≠ common

13 Little minds are interested in the extraordinary; great minds in the commonplace.

소인은 흔하지 않은 것에 관심을 갖는데, 대인은 ~

예상 흔한 것에 관심을 갖는다.

문맥 extraordinary(= not ordinary) ≠ commonplace(= ordinary)

14 The lowest class may have the sharpest wit, **while** the highest may be in want of intelligence.

최하층은 가장 예리한 지능을 갖고 있을 수 있는데, 반면에 최상층은 ~

문맥 The lowest class ≠ the highest. wit = intelligence. be in want of(= not have) ≠ have

15 Americans are benevolently ignorant about Canada, **while** Canadians are malevolently well-informed about the United States.

미국인들은 캐나다에 대해 선의로 잘 모른다, 반면에 캐나다인들은 ~

문맥 ignorant(= ill-informed) ≠ well-informed. benevolently ≠ malevolently

16 He lost his temper at the slightest provocation **but** regained his composure only with enormous effort.

그는 냉정함을 잃었다. 아주 작은 자극에도(= 아주 쉽게), 그러나 냉정을 되찾았다, 아주 어렵게. (그는 냉정을 쉽게 잃었으나 어렵게 되찾았다.)

문맥 temper = composure. at the slightest provocation ≠ with enormous effort

17 He has all virtues I dislike and none of the vices I admire.

그는 갖고 있다, 내가 싫어하는 미덕은 모두, 그리고 내가 좋아하는 악덕은 아무것도 안 갖고 있다.

문맥 admire(= like) ≠ dislike. vices ≠ virtues

18 Some people with great virtues are disagreeable, **while** others with great vices are delightful.

어떤 사람들은 큰 미덕을 갖고 있지만 불쾌한데, 반면에 다른 사람들은 ~

문맥 delightful(= agreeable) ≠ disagreeable

19 How many times have we been surprised to find someone disliking a person we think highly of; **conversely**, liking a person we have judged as a waste of time?

얼마나 여러 번 우리는 놀랐더냐? 누군가가 우리가 높게 생각하는(= 좋아하는) 사람은 싫어하고, 반대로 ~

문맥 think highly of(= like) ≠ dislike
have judged as a waste of time(= dislike) ≠ like

20 There are people whose defects become them, and others who are ill-served by their good qualities.

어떤 사람들에게는 결점이 좋아 보이는데, 다른 사람들에게는 ~

문맥 whose defects become them = who are well-served by their bad qualities

21 Many went naked **while** others wore clothes.

많은 사람들은 옷을 벗고 지냈는데, 반면에 다른 사람들은 ~

문맥 went naked(= did not wear clothes) ≠ wore clothes

22 Some exercise machines, such as rowing machines, work out your upper body. Others, such as stationary bicycles, exercise only your lower body.

어떤 운동 기구들(예를 들어, 로잉 머신)은 상체를 운동시키는데, 다른 운동 기구들(예를 들어, 고정되어 있는 자전거)은 ~

문맥 work out = exercise. upper body ≠ lower body

23 Why some firms grow and others stagnate?

어째서 어떤 회사들은 성장하는데, 다른 회사들은 ~

문맥 stagnate(= don't grow) ≠ grow

24 Why are some companies immensely profitable **while** others lose billions?

어째서 어떤 회사들은 막대한 이윤을 내는데, 다른 회사들은 ~

문맥 lose billions(= are immensely unprofitable) ≠ are immensely profitable

25 Lunar eclipses happen only when the Moon is full, **but** they do not occur at every full Moon.

월식은 만월 때만 일어난다, 그러나 만월 때마다 ~

문맥 occur = happen

26 Spontaneous healing is a common occurrence, **not** a rare event.

자연치유는 흔히 일어나지, 드물게 ~

문맥 event = occurrence. rare(= not common) ≠ common

27 The individual succumbs, but he does not die if he has left something to mankind.

개인은 죽는다, 그러나 죽는 게 아니다, 만일 뭔가를 인류에게 남겨 놓았다면 말이다.

문맥 succumb = die

28 Excellence in any department can be attained only by the labor of a lifetime; it is not to be purchased at a lesser price.

어떤 분야에서나 탁월함은 일생 동안의 노력에 의해서만 성취할 수 있지, 그 이하의 노력에 의해서는 ~

문맥 is not to(= cannot) ≠ can. purchased = attained. at a lesser price = by less labor

29 Most of us communicate, more or less effectively, in the situations we meet every day. **But** unexpected or unfamiliar situations may find the most articulate at a loss.

우리들 대부분은 일상적인 상황에서는 일반적으로 의사전달을 효과적으로(= 잘) 한다. 그러나 ~

예상 일상적이지 않은 상황에서는 일반적으로 의사전달을 잘 못한다.

실제 예기치 않거나 익숙치 않은 상황에서는 의사전달을 가장 잘하는 사람도 어떻게 해야 좋을지 모를 수 있다.

문맥 the situations we meet every day ≠ unexpected or unfamiliar situations
the most articulate = the most effective communicator

30 This is **not** typical of Chinese, **but** a feature of the Thai language.

이것은 중국어의 특징이 아니라, ~의 특징이다.

문맥 typical = a feature

31 Early universities did **not** originate as institutions, **but** began as collections of scholars.

초기의 대학은 기관으로 시작된 것이 아니라, ~로 시작됐다.

문맥 originate = begin

32 It is **not** for you to assume responsibility**;** it is I who are to blame in this matter.

너에게 책임이 있는 게 아니라, ~에게 책임이 있다, 이 문제에 대해서는.

문맥 assume responsibility = blame

33 He was **not** stingy; **on the contrary**, no one could be more generous.

그는 인색하지 않았다. 그와는 반대로 ~

예상 그는 매우 후했다.

실제 아무도 (그보다) 더 후할 수가 없었을 것이다.

문맥 stingy(= not generous) ≠ generous

34 Beavers are **not** "busy" animals. **On the contrary,** they normally work at a leisurely pace.

비버는 '바쁜'(= 바쁘게 일하는) 동물이 아니다. 그와는 반대로, 비버는 평상시에는 ~

문맥 leisurely(= not busy) ≠ busy

35 Medieval kingdoms did **not** become constitutional republics overnight; **on the contrary,** the change was gradual.

중세의 왕국은 하룻밤 사이에 입헌 공화국이 된 것이 아니었다. 그와는 반대로, ~

문맥 overnight(= suddenly) ≠ gradually

36 Sufferings and hardship did **not**, as a rule, abate the love of life; they seem, **on the contrary,** usually to give it a keener zest.

고통과 고난은 일반적으로 삶에 대한 사랑을 감소시키는 것이 아니라, 그와 반대로, ~

문맥 as a rule = usually
abate(= decrease) ≠ give a keener zest(= increase)

37 She was **not** a petite woman, **but** on his arm and under his umbrella she felt positively tiny.

그녀는 작은 여자가 아니었으나, 그의 팔에 매달려 그의 우산 밑에 있을 때 그녀는 ~

문맥 petite = tiny

38 Beyond the walls of his own small house, he was only slightly more talkative than a stone, **but** in Felina's company he was as loquacious as a talk show host.

그는 자신의 작은 집 담 밖에서는 말이 적었으나, Felina와 함께 있을 때는 ~

문맥 only slightly more talkative than a stone(= not talkative) ≠ loquacious(= talkative)

예상을 읽어라 02 유사 유형

❶ Just as the individual unconscious knows when a person's survival is threatened, the collective unconscious knows when group survival is in danger.

개인의 무의식이 개인의 생존이 위협받을 때를 알 듯이, ≒ 집단의 무의식은 ~

문맥 person = individual. collective = group. threatened = in danger

❷ The man who professes to find women an incomprehensible mystery is out of touch with the feminine within — just as a woman who professes men incomprehensible is out of touch with her masculine side.

여자를 이해할 수 없다고 말하는 남자는 자신의 여성적인 면을 모른다 ≒ 마찬가지로 ~

문맥 the feminine within = his feminine side

표현 to find women an incomprehensible mystery = that he cannot comprehend women
is out of touch with = cannot comprehend

❸ In children one of the healthiest signs is the possession and exercise of an abundant curiosity. So with animals the display of a lively curiosity is the surest indication of their well-being.

아이들의 경우에 건강 지표는 호기심이다. ≒ (마찬가지로) 동물들에게도 ~

문맥 well-being = health. indication = sign

❹ Just as we appreciate warmth because we have experienced cold, so we appreciate what love means all the more because we know what it is to have the feelings of hatred.

우리가 따뜻함의 가치를 아는 것은 우리가 추위를 경험했기 때문이듯이, ≒ 마찬가지로 사랑의 가치를 ~

문맥 we know what it is to have the feelings of hatred = we have experienced hatred

5 Only through sickness do we appreciate good health. Hunger teaches us to value food. Knowing evil helps us appreciate what is good.

질병을 통해서만 우리는 건강의 가치를 깨닫는다. 배고픔을 통해서 ~. 악을 통해서 ~.

문맥 value = appreciate = know

6 If we were never ill, we would not know what it was like to be well. If we never knew hunger, we would take no pleasure in being full. If there were never any war, we would not appreciate peace.

만일 우리가 질병을 앓은 적이 없다면, 우리는 건강하다는 것이 어떤 것인지 모를 것이다. 배고픔을 ~. 전쟁을 ~.

문맥 appreciate = know
If we never knew hunger = If we were never hungry
we would take no pleasure in being full = we would not know what it was like to be full
being full(배부름) ≠ hunger(배고픔)

7 Silence is learned from the talkative, tolerance from the intolerant, generosity from the stingy.

말 적음은 말 많은 사람들로부터 배우고, 관용은 ~, 후함(인심 좋음)은 ~.

참고 흐름을 파악한 뒤에는 빠른 속도로 지나가면서 Key Words만 훑어보라!

8 What is the most important thing in life? If we ask someone living on the edge of starvation, the answer is food. If we ask someone dying of cold, the answer is warmth. If we put the same question to someone who feels lonely and isolated, the answer will probably be the company of other people.

배고픈 사람에게는 음식이 가장 중요하고, 추운 ~, 외로운 ~

문맥 put the same question to = ask

9 A man with a fear of flying may become an expert pilot; a woman with a fear of public speaking may become a powerful orator.

비행을 무서워하는 사람이라도 능숙한 조종사(=비행사)가 될 수 있다 ≒ 연설을 두려워하는 사람이라도 ~

문맥 pilot = flyer. orator = public speaker

10 A person can learn to operate a camera successfully without knowing much about the science of optics. **By the same token**, one can become a sharpshooter without a knowledge of explosives.

광학에 대한 지식이 없어도 훌륭한 카메라맨이 될 수 있다. ≒ 마찬가지로, 화약에 대한 ~

문맥 without knowing much about the science of optics = without a knowledge of explosives
become a sharpshooter = operate(=fire) a gun successfully

11 **Not only** breathing patterns can alter states of consciousness. Music and sound have **also** been found to change brain-wave activity.

호흡 유형만이 의식의 상태를 변화시킬 수 있는 것이 아니다. 음악과 소리도 ~

예상 의식의 상태를 변화시킬 수 있다.

실제 음악과 소리도 뇌파 활동을 변화시키는 것으로 밝혀졌다.

문맥 alter = change. states of consciousness = brain-wave activity

12 **Not only** does this unconscious self-hatred get in the way of expressing love; it **also** interferes with receiving love.

이러한 무의식적인 자기 증오가 사랑을 표현하는(=주는) 데에만 방해가 되는 것이 아니다. 그것은 ~

예상 ~하는 데에도 방해가 된다.

문맥 get in the way of = interfere with. express(= give) ≠ receive

예상을 읽어라 03 인과 유형

❶ Good actions bring happiness and bad actions result in misery.

좋은 행동 → 행복, 나쁜 행동 → 불행

문맥 Good actions ≠ bad actions. result in = bring. misery(= unhappiness) ≠ happiness

❷ Whenever we act negatively, it leads to pain and suffering; whenever we act positively, it eventually results in happiness.

부정적인 행동 → 불행, 긍정적인 행동 → ~

문맥 negatively(= not positively) ≠ positively
lead to = result in
pain and suffering(= unhappiness) ≠ happiness

❸ Bad things can lead to blessings while blessings sometimes end in tragedy.

나쁜 것 → 축복(=좋은 것, =행복), 축복 → 비극(=나쁜 것, =불행)

문맥 end in = lead to

❹ While the pessimist's mental set leads to despair, the optimist's spawns hope.

비관적인 사람의 마음가짐 → 절망, 낙관적인 사람의 마음가짐 → ~

문맥 spawn = lead to

❺ Social isolation leads to early mortality, while social integration is related to a longer life span.

사회적 고립 → 일찍 죽음, ~ → 더 오래 삶

문맥 is related to = leads to

⑥ If you are anxious, you can't learn. With a quiet mind, people take things in.

마음 불안 → 학습 불가, ~ → 가능

문맥 With a quiet mind(= If you are quiet) ≠ If you are anxious
people take things in = you can learn (take in = learn)

⑦ Those who accumulate good will have more happiness; those who accumulate evil will have more misfortune.

선의 축적 → 행복 증가, 악 → ~

문맥 = If you accumulate good, you will have more happiness; if you accumulate evil, you will have more unhappiness.

⑧ If you behave selfishly, you can't expect your child to behave in a caring way.

만일 당신이 이기적으로 행동하면, 당신은 기대할 수 없다, ~가 비이기적으로 ~

문맥 in a caring way(= not selfishly) ≠ selfishly

⑨ It is not possible to be ignorant of the end of things if we know their beginning.

우리는 어떤 것들의 끝에 대해서 모를 수가 없다, 만일 우리가 그것들의 시작을 안다면.

문맥 = We can know the end of things if we know their beginning.
우리는 어떤 것들의 끝을 알 수 있다, 만일 우리가 그것들의 시작을 안다면.

⑩ It is only in marriage with the world that our ideals can bear fruit; divorced from it, they remain barren.

세상과 결합해야만 우리의 이상은 열매를 맺을 수 있다; 세상과 결합하지 않으면 ~

문맥 in marriage with ≠ divorced from
remain barren(= cannot bear fruit) ≠ can bear fruit

비결 ⑭

추려서 읽어라

영어가 정보를 어떻게 포장(=표현)하는지를 알게 되면 정보만 추려서 읽을 수 있다. 추려 읽기가 중요한 것은, 시간을 절약하는 것 외에 읽은 것을 기억하는 데에도 도움을 주기 때문이다. 왜냐하면 사람들은 자기가 읽거나 듣는 것의 요지만 기억하기 때문이다.

추려서 읽어라 01

❶ Prototypical oboes had a loud, harsh tone, **but** the modern oboe is appreciated for its smooth and beautiful tone.

오보에의 소리: 초기 - 시끄럽고, 거칠었음 (대조) 현재 - 부드럽고, 아름다움

문맥 is appreciated for its = has a

❷ Men work out primarily to improve appearance, **while** for women the biggest reason is health.

운동하는 주된 이유: 남자 - 외모 개선 (대조) 여자 - 건강

❸ To his supporters, **his aloofness** was a result only of the fact that he devoted nearly every waking hour to his research, **while** his detractors attributed that same aloofness to his intellectual arrogance.

그의 초연함의 원인: 지지자들 생각 - 연구 전념 (대조) 비난자들 - 지적 오만

❹ **Even though** her friends describe Mary as amiable and frank, she was really a very rude and calculating woman.

Mary: 평판 - 친절하고 솔직 (대조) 실제 - 무례하고 교활

문맥 amiable ≠ rude(= not amiable). frank ≠ calculating(= not frank)

❺ **Beneath** the amiable exterior, they were actually deeply hostile.

그들: 표면 - 우호적 (대조) 실제 - 적대적

❻ **Underneath** his outgoing behavior, Jack was shy.

Jack: 행동 - 외향적 (대조) 실제 - 수줍음(= 내향적)

7 Her sparrowlike frame **disguised** a formidable resolve.

그녀: 체구 - 왜소 (대조) 의지 - 막대

8 John's mild manner **hid** a bulldog tenacity.

John: 태도 - 온화 (대조) 성격 - 강인

9 She looked so fragile. Her looks **belied** the toughness he knew lay within.

그녀: 외모 - 허약 (대조) 내면 - 강인

10 Her outward calm **belied** her inner turbulence.

그녀는 겉으로는 침착했지만 (대조적으로) ~

11 She wore a demeanor of calm that **belied** the inner turmoil she was feeling.

그녀는 겉으로는 침착했으나 (대조적으로) ~

12 Born curious, children will follow their natural inclination to explore their surroundings with a purposefulness that **belies** the random appearance of their play.

천성적으로 호기심을 갖고 있기에, 아이들은 천성을 따라 주위 환경을 탐사하는데, 그들의 놀이(= 탐사)는 겉으로는 목적이 없어 보이지만, ~

문맥 random(= purposeless) ≠ purposeful

13 There was a sweetness in Susan's voice that **belied** her expression.

Susan의 목소리는 유쾌했으나 (대조적으로) 그녀의 표정은 ~

추려서 읽어라 02

1 Los Angeles had 1,610 inhabitants in 1850 and currently has a population of around 5 million.

LA 인구: 1850년 - 1,610명. 현재 - 약 5백만 명

문맥 has a population of around 5 million = around 5 million inhabitants

2 In 1970, 4.7 percent of the U.S. population was foreign-born. In 1990, 8.6 percent came from elsewhere.

미국의 외국 태생 인구: 1970년 - 4.7%. 1990년 - 8.6%

문맥 came from elsewhere = was foreign-born

3 In 1975, about 75 percent of the American population was urban, and by 1992, cities housed 80 percent of the population.

미국의 도시 인구: 1975년 - 전체 인구의 약 75%. 1992년 - 전체 인구의 약 80%

문맥 cities housed 80 percent of the population = 80 percent of the population was urban

4 In 1925, fewer than 5 percent of the Korean population lived in cities. By 1970, more than 30 percent of Koreans were city dwellers.

한국의 도시 인구: 1925년 - 5% 이하. 1970년 - 30% 이상

문맥 were city dwellers = lived in cities

5 As recently as 1978, nine out of ten of the city's 180,000 residents were engaged in farming. Now less than one in two tills the land.

그 도시의 주민(18만명 중) 농업 인구: 1978년 - 9/10. 현재 - 1/2 이하

문맥 tills the land = is engaged in farming

⑥ In 1941 the tribes accounted for 64% of the population. In 1981 they made up just 28%.

전체 인구 중 그 부족의 비율: 1941년 - 64%. 1981년 - 28%

문맥 made up = accounted for

⑦ In 1970, women accounted for about 6 percent of all law school graduates; in 1995, they made up about 45 percent.

법대 졸업생 중 여성의 비율: 1970년 - 약 6%. 1995년 - 45%

⑧ Some of us live to be thirty. Some make it to sixty. There are those who make it to one hundred.

수명: 일부 - 30세, 60세, 100세

문맥 make it to = live to be

⑨ At the beginning of the last century, a newborn could expect to live to the age of about 50; today the expectancy is about 75.

예상 수명: 지난 세기 초 - 약 50세. 현재 - 75세

⑩ Thirty years ago European women could look forward to living to the age of 68; the figure now is 77.

유럽 여성의 예상 수명: 30년 전 - 68세. 현재 - 77세

⑪ In 1960, breast cancer attacked one woman in every 20. It has risen steadily to the current toll of one in nine.

여성의 유방암 발병률: 1960년 - 1/20. 현재 - 1/9

⑫ Breast cancer affects one in 1,000 men, compared to one in 11 women.

유방암 발병률: 남자 - 1/1,000. 여자 - 1/11

⑬ The area gets just 600 hours of sunshine per year. By comparison, New York State positively glows with 2,400.

연간 일조시간: 그 지역 - 600시간. 뉴욕주 - 2,400시간

⑭ In 1974, urban employment among women was about 12 percent; today it stands at approximately 60 percent.

도시의 여성 취업률: 1974년 - 약 12%. 현재 - 60%

문맥 approximately = about

⑮ Some historians say that 300,000 people were killed in the two months after the fall of the city to the Japanese. Others place the fatalities at anywhere from tens of thousands to 200,000.

일본군에게 함락된 지 두 달 동안 살해된 시민 수효 : 일부 역사학자들 주장 - 30만 명
다른 역사학자들 주장 - 수만에서 20만명

⑯ Official reports put the death toll at under one hundred, but unofficial estimates speak of at least two hundred dead.

사망자수: 공식 보고 - 100명 이하. 비공식추정 - 최소한 200명

표현 put/place/estimate ~ at... ~을 …로 추산하다

17 A 1937 cyclone killed an estimated 300,000 people. Deaths from the infamous storm of November 1970 are usually put at 500,000.

태풍으로 인한 사망자수 (추정): 1937년 - 30만 명. 1970년 - 50만 명

문맥 storm = cyclone

18 Saudi Arabia assumed an oil price of around $16.5 a barrel in its 1997 budget while Oman projected it at $14~15.

1997년 예산상의 석유 추정 가격: 사우디 아라비아 - $16.5 (배럴당). 오만 - $14~15

문맥 projected it at = assumed an oil price of

19 In 1991, one in four Americans aged eighteen and older, about 41 million people, had never married. In 1970, that figure stood at one in six adults.

미국 성인(18세 이상) 미혼율: 1991 - 1/4 (약 4천 백만). 1970년 - 1/6

20 General Motors Corp.'s car sales dropped 10 percent, while Ford Motor Co. posted an 8.5 percent decline.

자동차 판매: GM - 10% 하락. Ford - 8.5% 하락

문맥 posted an 8.5 percent decline = dropped 8.5 percent

21 Most people think middle age is the years from forty-five to sixty-five, but others construe it to cover ages thirty-five to seventy.

중년: 대다수 의견 - 45~65세. 다른 의견 - 35~70세

22 Each country has its favorite beverage. Italians like to drink coffee after dinner. The English prefer tea. Americans often drink soda.

좋아하는 음료: 이탈리아인 - 커피. 영국인 - 차. 미국인 - 청량음료

23 Different people spend their weekends in different ways. Some people enjoy going to the mountains to hike, ski, or just relax. Others prefer going to the beach to enjoy the seashore activities and to get a suntan. Still others like to relax by staying home and reading a good book.

주말 보내는 방법: 산 – 등산, 스키, 휴식. 바닷가 – 해변, 선탠. 집 – 휴식, 독서

24 Passions often engender their opposites. Avarice sometimes begets prodigality and prodigality (begets) avarice. A man is often resolute through weakness and bold through timidity.

감정은 흔히 반대 감정을 낳는다: 탐욕 ↔ 방탕. 단호함 ↔ 허약함. 대담함 ← 겁 많음

문맥 beget = engender
a man is often resolute through weakness ~ = weakness begets resoluteness ~

25 Each part of the tongue has different taste buds. The buds on the back of the tongue are for bitter flavors. Strong or salty flavors are picked up on the middle of the tongue. The tip of the tongue is used to taste sweet foods such as sugar.

혀의 미각: 뒷부분 – 쓴 맛. 중간부분 – 짠 맛. 끝부분 – 단 맛

문맥 flavor = taste
Strong or salty flavors are picked up on the middle of the tongue = The buds on the middle of the tongue are for strong or salty flavors.

26 Proverbs contradict one another. The sagacity that advises us to look before we jump warn us that if we hesitate we are lost, that absence makes the heart grow fonder, but out of sight, out of mind.

속담은 서로 모순됨: 속담 1(살펴본 뒤에 뛰어라)은 속담 2(망설이면 진다)와 모순되고, 속담 3(안 보면 사랑하는 마음은 더 커진다)은 속담 4(안 보면 마음에서 사라진다)와 모순됨.

27 When we are moved primarily by fear, sooner or later, we precipitate the very calamity we fear. If we fear condemnation, we behave in ways that ultimately elicit disapproval. If we fear anger, eventually we make people angry.

두려움이 주요 동기이면, 두려워하는 일을 초래한다. 비난을 두려워하면~, 화를 두려워하면 ~

문맥 disapproval = condemnation eventually = ultimately

28 If a man would be happy for a week, ran a Chinese saying, he could take a wife; If he planned happiness for a month, he must kill a pig, but If he desired happiness for ever, he should plant a garden.

일주일이 행복하려면 아내를 맞이하고, 한 달 ~ 돼지를 잡아야 한다. (중국속담) 그러나 영원히 ~, 정원을 가꾸어야 한다.

29 If you want your spouse to be more responsible, be a model of responsibility. If your goal is to foster the quality of kindness, demonstrate your own kindness to others. When you are looking for courage, show that you can stand up to tough situations yourself.

배우자가 더 책임감을 갖기를 바라면, 당신 자신이 책임감의 모범이 되라. ~ 친절 ~. ~ 용기 ~

30 An intelligent person knows that good is better than evil, that confidence should supersede fear, that love is superior to hate, that gentleness is better than cruelty, forbearance than intolerance, compassion than arrogance, that truth has more virtue than ignorance.

지성인은 안다: 선이 악보다 더 낫고, 자신감 〉 두려움, 사랑 〉 미움, 친절 〉 잔인(= 불친절), 인내 〉 불인내, 동정 〉 오만, 유식 〉 무식

문맥 is better than = should supersede = is superior to = has more virtue than

31 For American marriages that began in 1890, about 10 percent ended in divorce. For those wed in 1920, the rate was about 18 percent, for couples married in 1950, 30 percent. Couples that were newly wed in 1970 had a fifty-fifty chance of splitting up or staying together. And for married couples starting out in 1990, the likelihood that the marriage would end in divorce was projected to close to a staggering 67 percent!

미국의 신혼 부부 이혼율: 1890년 - 약 10%. 1920년 - 약 18%. 1950년 - 약 30%. 1970년 - 약 50%. 1990년 - 67% (추정)

문맥 (newly) wed = married. split up = end in divorce. likelihood = chance

32 Estimate the sales of a particular company, and the odds of your projection being right on the nose are relatively small. Estimate the sales of that firm's entire industry, and your chances are considerably better. Finally, make an estimate of all industry sales total, and your chances of hitting the bull's eyes are still greater.

판매량 추산이 맞을 가능성: 한 회사의 경우 - 작음. 그 회사의 전체 산업의 경우 - 더 나음. 모든 산업의 경우 - 더욱 더 나음

요지 추산이 맞을 가능성은 추산의 범위가 클수록 커진다.

문맥 projection = estimate. firm = company. chances = odds
make an estimate of all industry sales total = estimate the sales of all industries
hitting the bull's eyes = being right on the nose
greater = better

33 The student of world literature must know religions. We cannot comprehend the Bhagavad Gita without a knowledge of Hinduism; we cannot truly grasp Hermann Hesse's Siddhartha without a knowledge of Buddhism; we cannot understand the literature of Herman Melville without a command of Christian themes; even the contemporary literature of such a writer as Philip Roth is misunderstood without a knowledge of Judaism.

문학 작품을 이해하는 데 종교 지식이 필수이다: 바가바드 기타 - 힌두교, 허먼 헷세의 싣다타 - 불교,
허먼 멜빌의 작품 - 기독교, 필립 로스 - 유대교

문맥 comprehend = grasp = understand
command = knowledge
Christian themes = Christianity

34 The search for freedom of worship has brought people to America from the days of Pilgrims to modern times. The second great force behind immigration has been political oppression. America has always been a refuge from tyranny. As a nation conceived in liberty, it has held out to the world the promise of respect for the rights of man.

미국 이주의 요인: 1) 신앙의 자유 2) 정치적 자유

문맥 tyranny = political oppression

35 Prices vary with changes in supply and demand. In other words, when there are more apples available than people want to buy, the price of apples goes down; when there is a shortage, the price goes up. Of course, prices of goods and services are also affected by the cost of producing them.

가격 변동의 요인: 1) 공급과 수요상의 변화 2) 생산비

문맥 are affected by = vary with

36 Human blood serves the body in three important ways. **First,** blood carries substances needed to maintain and repair the body tissue. In this way, blood serves as a provider. **Second,** blood also serves as a disposer, since it carries wastes and gases away from the tissue of the body. **In addition,** blood acts as a defender. The white corpuscles in the blood stream constantly guard against and try to destroy bacteria and other agents that threaten the body's welfare.

인체에서 혈액이 하는 역할: 1) 필요한 물질 운반 2) 노폐물과 가스의 운반 3) 신체 방어

문맥 acts as = serves as

37 First, you should look for shoes that fit you as well as possible. Shoes that are too tight or too loose will be a source of trouble. Lightness is also an advantage. The lighter shoes you wear, the less effort it should take you to run. Ventilation is another important consideration when choosing shoes. It is also important to choose shoes that are water-resistant.

신발을 고를 때 고려해야 할 사항들: 크기, 가벼움, 통풍, 내수성

38 We use dictionaries to look up the meaning of a word. We also rely on them for spelling. When we are confused about the conjugation of "lie" or "lay," we go to a dictionary for the solution. Further, we often consult the dictionary for pronunciation and for the division of words into syllables.

사전 찾는 목적: 의미, 철자, 동사 변화, 발음, 분철

문맥 use dictionaries = rely on them = go to a dictionary = consult the dictionary

39 There are many different causes of car accidents in the United States. Sometimes accidents are caused by bad weather. Ice or snow can make roads very dangerous. Accidents also can result from problems with the car. Even a small problem like a flat tire can be serious. Bad roads are another cause of accidents. Some accidents happen because the driver falls asleep. And finally, some accidents are caused by drinking too much alcohol.

미국의 자동차 사고 원인: 나쁜 날씨, 자동차 고장, 나쁜 도로, 졸음, 음주

문맥 are caused by = result from

READ

독해가 빨라지는 문맥 읽기의 힘
TOEIC, TOEFL, TEPS 등 각종 수험 R/C 시간이 남는다

빠른 독해의 지름길

『영어순해』 저자 김영로가 밝히는 독해 비결 14가지

문맥 순해

김영로 지음

FAST!

Exercise 뜻풀이

넥서스

READ FAST!

빠른 독해의 지름길

영문독해 능력 향상의 핵심은 바로 직독직해

문맥 순해

김영로 지음

Exercise 뜻풀이

넥서스

EXERCISE 1

1 **parts = areas**
hospitable(=inhabitable) ≠ uninhabitable
세계의 지역들이 거주할 수 없게 되어, 수많은 사람들이 더 거주할 만한 지역으로 옮겨가려고 할 것이다.

2 **inhabit = live on**
현재 지구에 거주하는 사람들은 지금부터 20년 혹은 100년 뒤에 지구에 거주할 사람들에게 어떤 의무를 갖고 있는가?

3 **get pregnant = conceive**
얼마나 슬프냐, 아이를 원하지 않는 너무도 많은 여자들은 임신을 하고, 아이를 간절히 바라는 마찬가지로 많은 여자들은 임신하지 못한다는 것이.

4 **wound = injure**
우리는 우리들에게 상처를 주는 사람들을 미워하지 않는다, 만일 그들이 동시에 우리의 자존심에 상처를 주지 않는다면.

5 **trauma = wounds**
말로 가해진 상처는 신체적인 상처보다 훨씬 더 오래도록 영향을 끼칠 수 있다.

6 **scars = injuries**
가족의 상실(=죽음)은 그에게 정신적 상처와 정서적 상처를 남겨 주었는데, 그 상처는 어느 모로 보나 신체적인 상처나 마찬가지로 끔찍했다.

7 **rage = upset**
전 남자친구에게 자기가 얼마나 화났는지를 아는 즐거움을 주지 않으려고, Elizabeth는 자기 안에 솟아오르는 분노를 감추었다.

EXERCISE 2

1 **decay = decline**
대부분의 문명의 쇠퇴의 원인은 도덕의 쇠퇴라고 한다.

2 **biodegradation=natural decomposition**
소비자들이 들어온 얘기에 의하면, 무엇이든지 저절로 썩는 것은 좋고 무엇이든지 그렇지 않는 것은 나쁘다. 그러나 대부분의 쓰레기 매립지는 윗부분을 덮어 놓아서 저절로 썩는 것을 막고 있다.

3 **gratitude = thankfulness**
grateful = thankful
나는 누군가 감사할 사람을 생각하면서 하루를 시작하려고 애쓴다. 나에게 감사와 내면의 평화는 병행한다. 내가 나의 인생이라는 선물에 대해서 진정으로 감사하면 할수록, 나는 더 많은 평화를 느낀다.

4 **fulfilled = gratified**
"나와 결혼해 줘, 그러면 너의 가장 작은 소원도 항상 들어줄게."
"그건 나도 할 수 있어. 내가 원하는 것은 나의 가장 큰 소원들을 들어 줄 남자야."

5 **delivered = fulfilled**
모든 약속이 다 그렇게 서사시적으로(=대대적으로) 지켜지는 것은 아니다. 그러나 가장 작은 약속도 마땅히 지켜져야 한다.

6 **expectations = prophecies**
come true = fulfilled
자기 충족적 예언은 사람들의 행동에 영향을 미쳐서 그 기대(=예언)가 실현되게 만든다.

7 **turn into self-fulfilling prophecies**
= become realities

교사의 기대는 흔히 실현된다. 만일 어떤 교사가 어떤 아동이 A나 D를 어느 쪽이든 얻으리라 기대하면, 기대는 흔히 실현된다.

EXERCISE 3

1 **see = become aware of**
weary = exhausted = tired

그는 그녀가 얼마나 지쳐있는지 깨닫기 시작했다. 그가 그녀의 피곤을 더 많이 깨달을수록, 그 자신도 더 깊이 피로를 느꼈다.

2 **overdue = late**

그는 안절부절 못하는 표정이었는데, 수업에 늦은 20세 학생처럼 보였다, 약속에 늦은 60세 교수라기보다.

3 **tiny stature = diminutive size**

나에게는 그녀가 너무도 불안해 보이는데 — 그것은 그녀의 아주 작은 신장 때문일까? 그녀는 자기가 얼마나 매력이 있는지 깨닫지 못하고 있다, 신장은 아주 작지만.

4 **people of small stature = midgets**

우리는 '난쟁이 식당'에 갔는데, 이곳은 가까이에 있는 샌드위치 식당이었다. 그 이름에도 불구하고 이 식당은 난쟁이들에게 한정된 곳은 아니었다.

5 **ineptness = clumsiness**
acting = dancing

그는 춤이 매우 서툴렀다, 그래서 그의 서투름을 감추기 위해 광대처럼 춤을 췄다.

6 **gorgeous = beautiful**
attribute = quality

Rachel은 아름다웠다. 그러나 아름다움이 그녀의 유일한 자질은 아니었다. 그녀는 다정하고, 지각 있으며, 영리하고, 강인했는데 — 한 사람이 이 모든 자질을 한꺼번에 갖고 있는 것은 흔히 볼 수 있는 게 아니다.

7 **handling = soothing**
upsets = anxiety

우리들 중 일부는 자신의 불안은 능숙하게 진정시키지만 다른 사람의 불안은 비교적 잘 진정시키지 못한다.

EXERCISE 4

1 **attempt = try**
agitation = movement ≠ stillness
(= nonagitation)

만일 동요를 그만두고 안정(=동요가 없는 상태)으로 돌아가려고 하면, 그 시도 때문에 더 많은 동요가 일어난다.

2 **inhibited = introverted(≠ extroverted)**

매우 수줍은 아이들은 내성적으로 남는 경향이 있는데, 이것은 그들이 내성적인 생물학적 경향을 갖고 태어난다는 것을 보여준다.

3 **inhibitions = reluctance**

평소에 Alex는 자기 자신에 대해 얘기하는 것을 주저했다, 심지어 가까운 친구들과도. 이상하게도, Joanna와 함께 있을 때는, 그런 주저함이 사라졌다.

주의 in Joanna's company = when he was with Joanna

4 **rebel(= don't conform) ≠ conform**

어떤 사람들은 쉽게 자신들의 사회에 순응하는데, 어떤 사람들은 순응하지 않는다.

5 **a lack of interest in conformity = irreverence**

그가 갖고 있던 또 하나의 견해에 의하면 훌륭한 과학자들은 체제에 순응하지 않는 사람들로 태어난다는 것이다. 그의 생각에 의하면 어린 예비 과학자들은 흔히 초기 학교 성적이 좋지 않은데, 그것은 그들이 체제에 순응하는 데에 관심이 없기 때문이다.

6 **sense of impotence = feeling of powerlessness**

그는 무력함을 느꼈다, 불가능한 승산(=자기가 어떻게 할 수 없는 상황)에 부딪혀서. 일생 동안 그는 위기 때에 자신이 사태를 장악했었다. 그는 언제나 가장 어려운 문제들에 대한 해결책도 강구할 수 있었다. 이 새로운 무력감이 그를 몹시 화나게 했다.

7 **hooked = addicted**

일단 사람들이 담배를 피우기 시작하면, 그들은 중독될 가능성이 있다. 흡연 중독은 부분적으로는 생리적이다.

EXERCISE 5

1 **pranks = tricks**

그는 그의 장난이 재미있다고 생각했다, 그러나 다른 사람들은 그런 장난은 짜증난다고 생각했다.

2 **survey = poll**

다른 조사들에서와 같이, 그 조사에 의하면 대부분의 언론인들은 자유주의자들이다.

3 **affections = love**

자기 자식에 대한 어머니의 사랑은 모든 다른 사랑들과 다르다.

4 **remedies = treatments**

그 치료법은 4군데의 병원에서 연구원들에 의해 시험되고 있는데, 다른 치료법에 반응을 보이지 않는 환자들에게 도움을 주어왔다.

5 **varieties = kinds**

Howard Gardner의 주장에 의하면 하나의 동질적인 종류의 지능이 있어 그것이 인생에서의 성공에 결정적인 역할을 하는 것이 아니라, 광범위한 지능이 있다고 한다. 7가지의 주요한.

6 **bug = virus**
strains = varieties

약 100종의 라이노바이러스가 있다. 이들 중 하나에 감염되면 사람들은 그 특정한 바이러스에 대해서는 면역이 생긴다. 그러나 사람들은 모든 다른 종류에 감염될 수 있다. 바로 이런 이유로 일반 성인은 한 해에 두세 번 감기에 걸린다.

주의 are susceptible to(=are not immune to)
≠ are immune to

7 **dressed down = scolded**

나는 나 자신에게 상기시켰다, Harry가 분명히 그녀를 이미 꾸짖었으니까, 그녀에게는 또 하나의 꾸지람은 결코 필요 없다는 것을.

EXERCISE 6

1 **out of his head = unconscious**

비록 전날 밤 어떤 때에 무의식에서 깨어나서 정상적으로 잠을 잤다고 하더라도, 그는 48시간 내지 60시간 동안 상당히 많이 의식이 없었다.

2 **be out (of his head) ≠ come around**

그는 죽지 않고, 잠시 의식을 잃을 거야, 그리고 의식이 돌아오면 치료를 받아야 할거야.

3 **pass out (of his consciousness) = faint ≠ wake (= come around)**

그는 앞이 안 보이는 게 아니고, 다행히도, 단지 의식을 잃어가고 있을 뿐이었다. 그는 필사적으로 의식에 매달렸다. 의식을 잃으면, 결코 깨어나지 못할 수도 있으니까.

4 **insomnia = sleeplessness**

인류의 흔한 질환 중의 하나로, 치료하거나 견디기 어려운 것이 불면증이다. 한 조사에 의하면 아마도 15세 이상의 미국인들 중 절반이 일생 중 어떤 때에 불면증을 겪은 적이 있다고 한다.

주의 기본어순: Insomnia is one of mankind's common afflictions ~
변경어순: One of the mankind's common afflictions ~ is insomnia.

5 **put up with = tolerate**

그들은 아들의 행동에 대해 참았다, 누군가 다른 사람의 행동이었더라면 참지 않았을 행동에 대해서 말이다.

6 **aspects = parts**
dormant = latent or inactive

나는 이것들을 잠재적인 혹은 비활동적인 자아 양상이라 부른다. 자신의 어떤 부분이 그토록 잠재적이어서 우리는 그것들에 대해서 생각조차 못했을까?

7 **shut-eye = sleep = slumber**
retire = go to bed ≠ rise

만일 불면증 때문에 잠이 부족하면, 절대 잠자리에 더 일찍 들지 마라. 이것은 형편없는 잠을 가져올 뿐이다. 대신에 수면 시간을 줄여라, 더 늦게 - 정말 졸릴 때 - 잠자리에 들고, 그리고 더 일찍 일어남으로써 말이다.

참고 be short on ~가 부족하다(≠ be long on ~)

EXERCISE 7

1 **available = tappable**
tap = avail themselves of(= use)

글리코겐은 쉽게 이용할 수 있는 에너지원이어서 우리의 신체는 필요할 때 이를 이용할 수 있다.

2 **the planet = Saturn**
are invisible = cannot be observed

쌍안경을 사용해서 토성을 관찰해도, 토성의 위성들은 관찰되지(=보이지) 않는다.

3 **ambiguous = uncertain**

언론인들은 불확실한 것들에 대해 보도하는 것을 좋아하지 않는다. 그들은 불확실하게 보도하기보다 차라리 잘못 보도하는 것을 더 좋아한다.

4 **take = accept**
the impossible = what you can't accept
the indispensable = what you can't do without
the intolerable = what you can't bear

인생은 생각하는 것보다 더 받아들이기 쉽다. 필요한 것이라고는 불가능한(=받아들일 수 없는) 것을 받아들이고, 없이는 지낼 수 없는 것 없이 지내고, 견딜 수 없는 것을 견디는 것이다.

주의 impossible = unacceptable
dispense with = do without
tolerate = bear

5 **seizure = bout of hunger**
endured = suffered

동트기 전 시간에, 그는 새로운 배고픔의 기간

을 겪게 되는데, 그 무엇도 그가 방금 겪은 배고픔의 기간만큼 지독하지는 않을 것이다.

6 **trance = hypnosis**

그 여자아이는 쉽게 최면 상태에 들어갔다. Carol이 조금 도와주자. 대부분의 환자들은 첫 번째보다는 두 번째에 최면에 더 잘 걸릴 수 있는데, Jane(=그 여자아이)도 예외가 아니었다.

7 **creaseless = lineless**

주름살이 나타났다, 여느때 주름살이 없던 그녀의 피부에.

주의 lines = creases

8 **scowling = frowning**

그 심리학자는, 얼굴을 찡그리는 경우가 드물었는데, 지금 얼굴을 찡그리고 있었다.

EXERCISE 8

1 **gut = hunch**

나는 나의 육감을 신뢰해야 한다고 언제나 생각해 왔다. 흔히 육감은 긴 시간의 숙고와 분석보다 훨씬 더 나을 수 있다.

2 **guts = nerve = courage**
get up = work up

정말 많은 시간이 걸려서야 용기를 내어 너를 만나러 왔다. 오늘 밤 나는 마침내 그 용기를 얻었는데, 나는 알았다, 만일 미뤘다면 결코 그 용기를 다시 낼 수 없었으리라는 것을.

3 **take = require**
type = kind
bravery = courage
deeds = doings

어떤 것을 하겠다고 말하는 데에 한 종류의 용기가 필요할 수 있다, 그러나 그것을 실제로 하는 데에는 다른 종류의 용기가 필요하다. 진정한 용기는 행동에 있지, 말에 있지 않다.

4 **run out = be exhausted**

북한의 공적 식량 재고는, 이미 일부 기아에 시달리는 지역에서는 고갈되었는데, 6월 20일까지는 고갈되리라고, 한 U.N. 관리가 화요일에 말했다.

5 **see = become aware of**
exhaustion = tiredness = weariness

그는 그녀가 얼마나 지쳐 있는지 깨닫기 시작했다. 그녀의 피로를 그가 깨달으면 깨달을수록, 그 자신도 더 깊이 피로를 느꼈다.

6 **worn out = exhausted = depleted**

한 정의에 의하면 '소진'은 우리의 신체적, 정신적 자원이 고갈된 때 — 다시 말해 우리 자신이나 사회의 가치관에 의해 부가된 어떤 비현실적인 기대에 도달하기 위해 지나치게 노력함으로써 우리가 소모된 때를 의미한다. 그것은 우리가 고갈된 상태다.

EXERCISE 9

1 **somber(= not laughing) ≠ laughing**

그녀는 더 아름다웠다, 웃지 않을 때가 웃을 때보다.

2 **somber(= not quick to smile) ≠ quick to smile**

모르는 사람을 만날 때, 일본인들은 대개 주저 없이 미소를 지었으나, 미푸니는 그렇지 않았다.

3 **somber = depressed**

그녀의 표정은 그녀의 말보다 더 우울했다. "이봐, Pamela, 즐기고 있는 사람치곤, 너 표정이 너무 우울하다"고 Bruce가 말했다.

4 **somber = melancholy**

그것은 유별나게 우울한 노래였다. 너무 우울해서 그 순간과 어울리지 않았다.

5 **forlorn = sad**

우리가 결혼 피로연에서 한 시간을 보낸 뒤에, 나는 친구가 슬픈 표정을 띠고 있는 걸 알았다. 나는 그녀를 향해 물었다. "무슨 일이니? 너 왜 그렇게 슬퍼 보이냐?"

6 **employ = use**

인류학자들은 인간을 도구 사용자라고 해서 다른 동물들과 구별했는데, 의심할 여지 없이 인간은 다른 어떤 동물보다도 도구를 더 많이 사용한다.

7 **utilizing = using**

우리는 우리 지능의 5퍼센트만 사용하는데, Einstein과 같은 사람은 15퍼센트 내지 20퍼센트까지 사용한다.

EXERCISE 10

1 **sloth = laziness**

고용주들의 주장에 의하면 그 일꾼들은 게을렀다. 시골에서 게으르게 살다가 광산으로 일하러 왔기 때문에.

2 **Tardiness = Lateness**

나는 지각하는 사람들을 좋아하지 않는다. 지각은 부주의하고, 이기적인 사람이라는 표시다.

3 **sermonizing = preaching**
fiction = novels

소설가는 설교하지 말아야 한다. 왜냐하면 설교는 좋은 소설에서는 설 자리가 없기 때문이다.

4 **pointless = meaningless**

어떤 과학자들은 우주의 존재에 의미가 있다고 믿고, 어떤 과학자들은 우주가 전적으로 무의미하다고 여긴다.

주의 point = meaning
some scientists believe there must be a meaning behind existence = some scientists regard the universe as meaningful

5 **content a fool = make a foolish man happy**
miserable(= unhappy) ≠ happy

아주 적은 것도 현명한 사람은 행복하게 만들 수 있다. 그러나 아무것도 어리석은 사람을 행복하게 만들 수는 없다. 바로 이런 이유로 거의 모든 사람들은 불행하다.

6 **upbeat(= optimistic) ≠ pessimistic(= downbeat)**

언제나 천성적으로 그는 낙관할 이유를 찾았다. 상식적으로 보아 비관하는 것이 더 현실적인 반응인 경우에서까지도.

EXERCISE 11

1 **genuineness(= realness) ≠ facade**

그들은 정치 개혁이라는 겉모양은 만들어냈으나 실제로 개혁은 하지 않았다(=그들은 겉으로는 정치 개혁을 하는 척 했으나 실제로 개혁은 하지 않았다).

2 **a pose(= not genuine) ≠ genuine**

많은 작가들의 경우에 겸손은 가식적이다, 그러나 Ford의 경우에 그것은 진짜인 것 같다.

3 **genuine(= real) ≠ phony**
fraud = phony smile

반드시 너의 미소가 진짜이게 하라. 다른 사람들은 가짜 미소를 재빨리 알아챌 수 있다. 그리고 사람들의 관심을 가장 빨리 잃어버리게 만드는 것은 진정한 감정이 뒤따르지 않는 가짜 미소다.

4 **went insane = lost their reason**
≠ retained their reason

다른 사람들은 독방에 감금되면 이성을 잃었으나, 그는 이성을 잃지 않았다.

문맥 reason = sanity

5 **the rule(= common) ≠ rare**

광기는 개인한테는 드물다, 그러나 집단에서는 흔하다.

6 **catastrophes of unconsciousness**
(= extremely unconscious) ≠ brilliantly conscious

어떤 사람들은 일과 관련된 부분에 대해서는 아주 잘 알고 있으나 인간 관계에 있어서는 형편없이 모른다.

EXERCISE 12

1 **put in place = implemented**

그 제안들 중의 일부는 시행되었으나, 나머지는 지금 시행 중에 있다.

2 **in place = established**

Pennsylvania 주가 재빨리 설립되자, 13개 미래의 주들 모두가 (하나만 제외하고) 17세기 말까지 설립되었다.

3 **the region's = Asia's**
have more integrity = are more honest

아시아인들은 오늘날 얼마나 정직할까? 아시아의 작은 지역 사람들은 대도시 거주자들보다 더 정직할까?

문맥 integrity = honesty

4 **crooked(= dishonest) ≠ honest**

나는 가난하나 정직한 가정 출신이다. 아버지께서는 정직하지 않을 정도로 많은 교육을 받지는 않으셨다.

5 **unscrupulous(= dishonest) ≠ honest**

Nobel은 모든 사람들의 이야기에 따르면 엄격하게 정직했다, 정직하지 않은 사업 상대들과 끊임없이 경쟁해야 했는데도.

6 **frankness = honesty**

어떤 사회적인 상황에서는 곧이곧대로 정직하게 말하는 것은 피한다. 만일 친구가 "너 내 새 모자 어떻게 생각하니?"라고 물었을 때 그가 생각하기에 그것이 형편없는 경우에, 곧이곧대로 정직하게 말하는 것은 재치 있는 행동이 아닐 것이다.

7 **initial = first. deceit = lie**

첫 번째 거짓말을 한 뒤에 그는 더 많은 거짓말을 할 필요가 있었다, 그 첫 번째 거짓말을 감추기 위해서.

EXERCISE 13

1 **hypocritical = deceitful**

어떻게 감히 네가 나를 위선적이라고 비난하니? 너야말로 내가 지금까지 만난 가장 위선적인 여자인데 말이야.

2 **deceit = dishonesty = lying**

Zedd가 가르쳤듯이, 이 세상에서는 거짓말이 사회적인 수용과 경제적인 성공의 통화이므로 어느 정도 거짓말을 해야 살아갈 수 있지만, 너 자신에게는 거짓말해서는 안 된다. 그렇지 않으면 네가 신뢰할 수 있는 사람은 곁에 아무도 남아 있지 않을 테니까.

3 **honesty ≠ dishonesty**
integrity(= sincerity) ≠ hypocrisy

한 젊은이가 성장하는 동안 많은 예의 부정직과 위선을 보고, 결론지을지 모른다, "이것이 세상이 돌아가는 방식이니, 나는 여기에 적응해야 한다"고, 그리고 그 결과 정직과 성실을 무가치한 것으로 여길지 모른다.

4 **reproach = blame**

자책에는 사치스러움이 있다. 왜냐하면 우리가 우리 자신을 책망할 때 우리는 우리 외에 아무도 우리를 책망할 권리가 있다고 생각하지 않기 때문이다.

5 **censures = reproaches**
escape = avoid

사람의 첫째 관심은 자기 자신의 양심의 책망을 피하는 것이고, 다음에는 세상 사람들의 책망을 피하는 것이어야 한다.

EXERCISE 14

1 **anonymous(= unidentified) ≠ identified**

이 사람들 중의 다수는 이 책에 이름이 밝혀져 있으나, 나머지 사람들은, 각자의 이유 때문에, 이름을 안 밝히고 싶어했다.

2 **unaffiliated(= unidentified) ≠ identified**
(= affiliated)

어떤 정당에 가입하지 않고, 미국의 수많은 유권자들은 비당원으로 남는 것을 선호한다.

3 **marriage = blending**

우리는 이미 현대 과학의 불가결한 요소들 중의 하나를 강조했다. 그것은 이론과 실제의 결합, 다시 말해 세계를 만들려는 욕구와 그것을 이해하려는 욕구의 결합이다.

4 **when they went to the altar = at marriage**

1770년대에 이르러, 전체 New England 여성들 중에서 대략 반은 결혼할 때 임신한 상태였다. Appalachia와 기타 오지에서는, 한 추산에 의하면, 신부들 중의 94퍼센트가 결혼할 때 임신한 상태였다고 한다.

5 **admonition = advice = counsel**
build(= construct) ≠
pull down(= destroy)

좋은 충고를 제공하는 사람은 한 손으로 건설하고, 좋은 충고와 본보기를 제공하는 사람은 두 손으로 건설한다. 그러나 좋은 충고와 나쁜 본보기를 제공하는 사람은 한 손으로는 건설하고 다른 손으로는 파괴한다.

6 **emancipation = freedom**

링컨은 1863년에 노예들을 해방시켰다. 지금은 여러분이 여러분 자신을 해방시킬 때다.

EXERCISE 15

1 **unaccounted-for = unexplained**

대부분의 과학자들은 새로운 양자(역학) 법칙들을 받아들였는데, 그 법칙들이 이전에 설명이 안 된 많은 현상들을 설명해 주는 것 같았기 때문이다.

2 **describe = account for**

과학이 원칙적으로 인간의 구조와 행동을 물리적인 자연의 일부로 설명할 수 있을지 모르나, 인간은 그렇게 해서는 완전히 설명되지 않는다.

3 **concern = worry**
ordinary ≠ particular

이 특별한 우려는 평범한 어머니의 걱정이 아니다.

4 **concern = company**

제약 회사로서, Novo Nordisk는 대학 교육을 받은 직원들이 연구와 생산에 고도로 집중되어 있는 회사다.

5 **belief = idea**

무기 경쟁을 통해 안전을 확보하려는 생각은 그릇된 생각이다.

6 **ideas = thoughts**
specific(= definite) ≠ abstract(= general)

그는 무엇을 할지에 대해 막연한 생각은 갖고 있으나 구체적인 생각은 갖고 있지 않다.

7 **opinion = belief**

최선을 생각해라, 최악이 아니라. 사람들은 흔히 행동한다, 그들에 대한 우리들의 생각(기대)에 미치거나 못 미치게.

8 **hold (the opinion) = think**

어떤 사람들은 감옥이 범죄를 막는 좋은 방법이라고 생각하는데, 다른 사람들은 교육이 더 좋은 방법일 것이라고 생각한다.

EXERCISE 16

1 **approach = policy**

그 방법은 거부되고 더 신중한 방법이 채택되었다.

주의 = The policy was rejected and a more cautious policy was adopted.

2 **stance = viewpoint = perspective**

일부 사람들에게, 큐비즘은 더 큰 예술과 학문상의 운동의 일부인데, 여기에서는 단일한 '옳은' 혹은 '특권적인' 관점은 피하고 다중적인 관점이나 더 상대주의적인 관점을 선호했다.

3 **personal systems = world views**

이들 유형의 사람들은 가벼운 혼란으로부터 심각한 자신감의 위기에 이르기까지 어떤 것이나 경험할 가능성이 있다, 자신의 세계관이 새로운 세계관으로 바뀌기 시작할 때에.

4 **view of history = world view**

혼돈과 쇠퇴가 펼쳐지는 곳으로 세계를 보는 그리스인들의 견해는 그릇된 것으로 생각되었다. 기독교의 세계관은 별로 더 나을 것이 없는 것으로 생각되었다.

5 **world view(= entire beliefs)**
≠ some beliefs
flexible ≠ rigid

이미 부분적인 견해에 있어서는 굳어져 있지만, 다섯 살 아이의 전반적인 견해는 대체로 유연하다.

6 **rigid ≠ elastic**
a degree of = considerable

탄력이 없어 보이지만, 뼈는 상당한 탄력성을 갖고 있어 골격이 상당한 충격을 견딜 수 있게 해준다.

7 **imagined = thought**
wasting = killing

나는 한 번도 나 자신이 다른 사람을 죽일 수 있으리라 생각해 본 적이 없었지만, 이 사람은 내가 죽일 수 있으리라 생각했다.

EXERCISE 17

1 **scars = injuries**

자신의 가족을 잃은 것은 그에게 정신적인 상처를 남겼는데, 그것은 모든 면에서 신체적인 상처나 마찬가지로 끔찍한 것이었다.

2 **warm ≠ cool**
hues = colors

따뜻한 색깔(빨강, 노랑, 주황 같은)은 음식을 더 좋게 보이게 만들고 사람들을 더 배고프게 만든다. 차가운 색깔(청색과 회색 같은)은 반대 효과를 갖는다.

3 **predicaments = misfortunes**

만일 내가 내 인생을 다시 살 수 있다면, 나는 웃을 것이다, 나의 곤경에 대해서는 더 많이, 그리고, 남들의 곤경에 대해서는 더 적게 말이다.

4 **willingly = quickly**
distress = misfortune

세상 사람들은 불행에 대한 이야기에 빨리 싫증을 내고 불행을 보면 빨리 피한다.

5 **liaison = affair**

우리의 결혼 기간 중에, 나의 남편은 수차례 정사를 가져왔는데, 나에게 가장 괴로운 정사는 내가 가장 좋아하는 내 친구와의 정사였다.

6 **involvement = liaison**

많은 가끔씩의 정사 외에, 피카소는 십대의 Marie-Thérèse Walter와 진지한 관계를 시작했다.

7 **committed to = involved with**

이미 누군가 다른 사람과 관계를 맺고 있는 사람들과는 관계를 맺지 마라.

8 **extremities = hands and feet**

한동안 그는 자기 수족에 감각이 없었다. 이제 그의 수족에 감각이 돌아오기 시작했다.

EXERCISE 18

1 **pass away = die**

성인들도 죽는다, 그리고 그들이 모두 무릎 꿇고 기도하다가 죽는 것은 아니다.

2 **passed away = died**

Einstein이 죽기 한 달 전에, 특허청 시절 이래 친구였던 Michele Besso가 죽었다.

3 **that we're not immortal(= of our own mortality) = of our own death**

때로는 누군가 가깝고 소중한 사람이 죽어야 우리는 믿는다, 우리도 안 죽는 것이 아니라는 것을.

4 **viable(= workable) ≠ unworkable**
alternative = solution

그 후보는 경쟁자의 실업 문제 해결책이 실행 불가능하다고 비판했으나, 실행 가능한 대안을 제시하지는 않았다.

5 **alternative = choice**

유사 이전에, 인류는 위기 상황에 흔히 두 가지 선택할 길 밖에 없었다. 싸우느냐 아니면 달아나느냐. 현대에는, 유머가 우리들에게 제3의 길을 제공한다. 싸우느냐 아니면 달아나느냐, 아니면 웃느냐.

6 **excesses = extremes(= extreme courses)**

감정에서나 행동에서, 두 극단적인 길 사이에 놓여 있는 이상적인 중도가 있다. 현명한 사람은 언제나 극단적인 길을 피한다.

7 **dispose of = kill**
manner = way

그가 여기에 온 것은 자기가 할 수 있는 아무 방식대로나 그들을 죽이기 위해서가 아니었다. 그는 일정한 방식대로 그들을 죽여야 했다.

8 **be in the same predicament in regard to friends = have no friends, either**

만일 당신에게 적이 없다면, 당신에게는 친구도 없을 가능성이 있다.

EXERCISE 19

1 **outfits = clothes**

나는 내 옷을 중고품을 싸게 파는 가게에서 산다. 나는 많은 만족을 얻는다, 일반 가게가 부르는 가격의 몇 분의 1 가격으로 근사해 보이는 옷을 찾았을 때 말이다.

2 **outfits = corporations**

낮은 가격의 하드웨어와 소프트웨어 덕분에 작은 회사들이 큰 회사들과 더 잘 경쟁할 수 있게 되었다.

3 **business = company**

그 거대한 회사는 더 작은 회사들로 분리되었다.

4 **agony = pain = ache**

그의 다리의 따끔거리는 통증과 그의 등의 통증에 비해서, 새 통증은 견딜 만했다.

5 **impoverished(= poor) ≠ rich**
kin = relative

"돈이 전부가 아니다."라고 부유한 친척이 충고했다. "아닐지 모르지." 그의 가난한 친척이 말했다. "그러나 지금 당장 그건 내게 정말로 필요한 것으로 생각할 수 있는 유일한 것이다."

6 **theory = interpretation**

과학이 제공하는 것은 진리가 아니라 연속적인 이론이다. 어떤 이론들은 특정한 목적을 위해서 다른 것들보다 더 나을 수 있다. 그러나 어떤 한 이론도, 궁극적인 의미에서, 절대적인 진리는 아니다.

7 **mores = standards (of conduct)**
Draconian ≠ tolerant

어떤 국가는 관대한 성 규범을 갖고 있다. 회교국과 같은 다른 국가는 가혹한 성 규범을 갖고 있다.

EXERCISE 20

1 **assault = attack**

Hood 장군의 첫 번째 공격은 격퇴된다, 두 번째 공격이 6일 뒤에 그렇게 되듯이 말이다.

2 **turn on = attack**

대부분의 사람들은 생각한다, 자기들의 애완동물이 아이를 공격할 수 없다고. 그렇지 않다. 가장 유순한 애완동물도, 자극을 받지 않아도, 아이를 공격하는 것으로 알려져 왔다.

3 **arouse = awake**
for = because
then = with bad news
there is not an instant to be lost(= everything presses) ≠ nothing presses

절대로 나를 깨우지 마라, 알려야 할 좋은 소식이 있을 때에는, 왜냐하면 좋은 소식의 경우에는 아무것도 급하지 않으니까. 그러나 나쁜 소식이 있을 때에는 즉시 나를 깨워라, 왜냐하면 그럴 때에는 한순간도 허비할 수 없으니까 말이다.

4 **swap = exchange**
representative = salesperson = agent

기억하라, 대부분의 판매원들은 자기들 분야의 다른 판매원들하고만 아이디어를 교환한다는 것을. 예를 들어, 보험 판매원이 컴퓨터 회사 판매원과 아이디어를 교환하는 것은 정말 드물다.

5 **take shape = appear = emerge**

처음에는, 별 하나하나가 모두 다른 별들로 부터 떨어져 있는 것처럼 보인다. 그러나 좀더 오래 바라보면, 무리들이 나타나기 시작하고, 짝들이 나타나며, 집단들이 나타난다.

6 **take shape = develop**

이 시기에 여러 가지 능력들이 따로따로 서로로부터 독립적으로 발달된다. 예들 들어, 언어, 손 운동과 발 운동 같은 능력들이. 어떤 감각능력들도 발달된다.

EXERCISE 21

1 **evolved = developed**

현미경은 서서히 발전했는데, 발전을 더디게 한 것은 이론적인 이해와 필요한 기계 기술의 부족 둘 다였다.

2 **shape itself = grow**

인간의 두뇌는 일생 동안 계속해서 성장하는데, 가장 집중적인 성장은 어린 시절에 일어난다.

3 **composed of = made up of**

모든 생태계와 같이, 숲은 살아 있는 환경과 살아 있지 않은 환경으로 이루어져 있는데, 후자는 공기와 바위, 흙과 물로 이루어져 있다.

4 **opt for = choose**
when we are unwilling to = so as not to

우리가 자기 연민을 선택하는 것은 우리의 진정한 감정(분노나 공포, 질투)에 맞서거나 대처하지 않기 위해서다. 마찬가지로, 우리가 자기 연민을 선택하는 것은 어떤 사람이나 상황에 대한 우리의 무력함을 받아들이고 싶지 않을 때일 가능성이 있다.

5 **forfeit = give up**
did not have to = was not required to

중범죄 판결을 받은 사람은 모든 재산을 포기해야 했다. 그러나 경범죄 판결을 받은 사람은 어떤 재산도 포기하지 않아도 되었다.

6 **edge over = superiority to**
someone else = another person

다음에 네 자신이 다른 사람보다 우월하다고 생각하며 좋아하는 것을 보게 될 때 기억하도록 해라, 다른 사람보다 우월하다는 것에는 아무것도 칭찬받을 가치가 없다는 것을. 네가 이전의 너 자신보다 더 우월한 때가 네가 진정으로 칭찬 받을 가치가 있는 것이다.

EXERCISE 22

1 **contribution = achievements**

건축가로서 Thomas Jefferson의 업적은 정치가로서 그의 업적과 맞먹는다.

2 **earnings = income**

Bruce Springsteen의 소득은 Michael Jackson의 소득을 능가한다.

3 **accomplishment = achievement**
outstripped = eclipsed
realm = domain

Mozart의 음악 분야에서의 업적은 다른 어떤 분야에서의 그의 업적을 완전히 능가했고, 예술 분야에서 다른 어떤 사람의 업적도 능가했을 가능성이 있다.

4 **rise = increase**
breadwinning = employment

여성 취업의 증가는 남성 취업의 증가보다 훨씬 더 컸다.

5 **heap = accumulation**

지식의 축적은 과학이 아니다, 돌의 축적이 집이 아니듯이.

6 **expert = practiced**

나는 칼을 다루는 데에 익숙하지 않았다, 화기를 다루는 데에 익숙하지 못했듯이.

7 **defeated = conquered**

자신을 정복한 사람은 백만 명을 정복한 사람보다 훨씬 더 위대한 영웅이다.

8 **adequate = good → better**
deal = agreement

Ralph가 보기에 그 협정은 훌륭했다, 비록 그가 원했다면 더 나은 협정을 만들어낼 수 있었을 것이라고 나중에 말했지만.

EXERCISE 23

1 **are emotionally restricted = don't give voice to their negative emotions**

부정적인 감정을 표출하는 사람들은 부정적인 감정을 표출하지 않는 사람들보다 역경을 더 잘 이겨낸다.

2 **were less fortunate = didn't (survive it)**

그 선원은 그 치명적인 회오리바람에서 살아남았다, 그러나 대부분의 그의 친구들은 그보다 운이 나빴다(=살아남지 못했다).

3 **precarious = uncertain**

연기는, 지금까지 언제나 불안정한 직업이었는데, 헐리우드에서는 과거 어느 때보다 더 불안정하다.

4 **mesmerized = captivated**

Travis는 반쯤 매료되었다, 그리고 그 개도 똑같이 매료된 것 같았다.

5 **enthralled = moved**

나는 알 수 있었다, 많은 청중들이 눈에 띄게 감동받았다는 것을. 나 자신은 덜 감동받았다.

6 **Hollow = Empty**
void = hollowness

마음이 공허한 사람들은 그 공허를 채워주어서 덜 공허하게 느끼게 만들 가능성이 있는 어떤 것을 주겠다는 사람에게 약하다.

7 **worked out = exercised**
reaped health benefits = were healthy
hardy = healthy

운동을 한 사람들은 건강했다, 그러나 건강하면서 운동도 한 사람들은 상당히 더 건강했다.

8 **deceives himself = is mistaken**
fancies = imagines

세상이 없어도 자기가 꾸려나갈 수 있다고 생각하는 사람은 많이 잘못 생각하는 것이다. 그러나 자기가 없으면 세상이 꾸려나갈 수 없다고 생각하는 사람은 더욱 더 잘못 생각하는 것이다.

EXERCISE 24

1 **solid ≠ soft**
fare = foods

점심으로 그녀에게 주어졌다, 부드러운 음식은 전보다 더 적게, 딱딱한 음식은 더 많이.

2 **have a craving for = like**
dishes = food

나는 한국 음식을 좋아한다, 그러나 나는 다른 나라 음식도 좋아한다.

3 **subdued = quiet ≠ wild(= noisy)**

Elizabeth는 알고 있었다, 자기가 꽤 조용한 태도를 취하고 있으며, 자기가 틀림없이 더욱 더 조용하게 보일 거라는 것을, 그들 주위의 요란한 환호와는 대조적으로.

4 **hesitant(= involuntary) ≠ spontaneous (= voluntary)**
subdued(= passive) ≠ active

만일 내가 내 인생을 다시 살 수 있다면, 나는 더 자발적이고 적극적이 되고, 덜 주저하며 덜 소극적이 될 것이다.

5 **infertile(= unproductive) ≠ productive (= fertile)**

마야의 도시들 주위의 땅이 비옥하지 않게 되어 어쩔 수 없이 마야인들은 북쪽으로 이주해야 했다, 거기에서는 땅이 더 비옥할 테니까.

6 **a breeze(= easy) ≠ tough(= difficult)**
imagined = thought

Todd는 깨달았다, 자기가 쉬우리라 생각했던 것이 생각했던 것보다 더 어려운 것으로 드러나고 있다는 것을.

7 **a turnoff(= unprovocative) ≠ provocative**
partial ≠ total
nudity = nakedness

성 학자들의 주장에 의하면 완전 나체는 성욕을 잃게 하고 부분적인 나체가 훨씬 더 성욕을 불러일으킨다고 한다.

8 **magical = charming**

Oscar Wilde의 말에 의하면 모든 것은 안개 속에 싸여 있을 때에 매력적으로 보인다 — 밖으로 드러나 있지 않은 것이 우리를 매료시킨다.

EXERCISE 25

1 **notice = observe**

태어날 때 남다른 관찰력을 부여받아서, 그 여자 아이는 자기 세계에서의 가장 사소한 변화도 재빨리 파악했다.

2 **pick out = choose**
notice = see
to overlook = not to see

일단 생각되어지면(생각해내면), 하나의 관념은 우리의 지각의 일부가 된다. 어떤 의미에서, 그것은 우리가 사물을 보는 눈이 된다. 그것은 우리가 무엇을 선택해서 보고 무엇을 선택해서 안 볼지를 결정해 준다.

3 **particulars = details**

세부사항 지향의 일꾼들은 어떤 상황의 여러 가지 세부사항 파악에 능통하다.

4 **with compassion = kindly**

우리가 다른 사람을 친절하게 대우하면, 우리는 동시에 우리 자신도 친절하게 대우하는 것이 된다.

5 **compliments = lauds**

어떤 남자가 공석에서 자기 여자를 칭찬하거나, 어떤 여자가 공석에서 자기 남자를 칭찬하면, 그 칭찬은 효과가 증가된다.

6 **relocate = move**

회사가 옮겨가면, 대부분의 회사원들도 옮겨갈 것이다.

7 **disintegrate = fall apart**

가족이 붕괴하면, 공동체도 붕괴한다.

8 **disintegrate = crumble**

소련이 붕괴했다. 동구권도 붕괴했다.

9 **coming together = reunification**

한국의 (재)통일은 그렇게 쉽지 않을 것이다. 냉전의 마지막 분단 국가인 한국의 양쪽 사이의 적대감의 골이 아마도 빠른 통일을 막는 것 같다.

10 **meal = food**
put together = prepare

그녀는 반 시간을 소비해서 음식을 준비하면, 그건 특별식이라고 생각한다. 그녀가 음식을 얼마나 빨리 준비하는지 못 보았니?

11 **fall apart**
= don't (cope well with problems)

왜 어떤 가족들은 문제에 잘 대처하는데 어떤 가족들은 그렇게 못할까? 왜 많은 부모와 자식들은 사이가 좋은데 어떤 부모와 자식들은 그렇지 못할까?

12 **unraveling = falling apart**

그녀의 인생의 전 조직이 자신의 눈 앞에서 무너지고 있었다. 그녀의 집, 그녀의 가족, 그녀의 친구들 — 모든 것이 무너지고 있는 것 같았다.

13 **unraveled = solved**

대부분의 해결되는 살인사건은 해결되었다, 그가 알기로는, 72시간 이내에.

EXERCISE 26

1 **transform = change**

세상의 변화 ← 우리들 자신의 변화

2 **extract = derivative**

헤로인 ← 모르핀 ← 아편

3 **step up = accelerate**
rate = pace

전화 → 사업 속도 증가 → 경제 발전 증가

4 **confide in = leak the story to**

얘기의 누설: 수술팀 의사 → 동료 의사 → 기자

5 **greater susceptibility to**
= a greater likelihood of developing

여기 아이들의 영양 실조 → 전염병에 걸릴 가능성 증가 → 영양실조 가능성 증가

6 **engineer = initiate**
transformations = changes

어떤 결정적으로 적절한 도구나 기계의 발명 → 생활 환경상의 거대한 변화 → 인간의 사회적 관계와 세계관의 변화

주의 perception of experience: (경험-세계에 대한 인식) → 세계관(worldview)

EXERCISE 27

1 **atrophy = wear out**

근육은 (지나치게 많이) 사용한다고 해서 마모되지 않는다. 눈도 너무 많이 본다고 마모되지 않는다.

2 **atrophy = degeneration**

4백만 명의 미국인들이 알츠하이머 병을 앓고 있는데, 이것은 두뇌 세포가 마모되는 질병이며, 두뇌의 마모와 노인성 치매를 가져온다.

3 **on account of = from**
wretched = unhappy

단지 생활 형편이 어려워 불행한 부부보다 다른 원인 때문에 불행한 부부들이 훨씬 더 많다.

4 **are responsible for = create**
woes = unhappiness

물론 모든 불행이 우리들 자신에 의해 만들어지는 것은 아니다. 왜냐하면 생활 여건이 우리들 불행의 적지 않은 부분을 만들기 때문이다.

5 **accounts for = is responsible for**
the downward slide = the (body's aerobic) decline

신체의 심폐기능 하락의 원인 중 약 3분의 1은 노화때문이다. 나머지 3분의 2는 활동하지 않는 것 때문이다.

6 **are all causes of = are all respousible for**

현대의 범죄학자들은 사회를 상대로 저질러지는 범죄의 원인은 대부분 사회 자체에 있다고 생각한다. 빈곤과 나쁜 생활여건, 불충분한 교육이 모두 범죄의 원인이다.

7 **from time to time = occasionally**
grief = sadness

모든 아이들은 때때로 슬퍼진다. 아동기와 청년기는, 성인기나 마찬가지로, 때때로 실망과 크고 작은 손실을 (그리고 그에 따라서 슬픔을) 겪는 시기다.

8 **starving = hungry**
appetite = hunger

갑자기 그들은 모두 몹시 배가 고팠다. 그것은 마약으로 말미암은 굶주림, 모든 마리화나 사용자들에게 잘 알려져 있는 (충족시킬 수 없는) 굶주림이었다.

9 **already prone to(= with a history of)**
≠ with no history of
induce = provoke = trigger
panic disorder = panic attack

이산화탄소의 흡입은 공포증 발작 경험이 있는 환자들에게 공포증과 유사한 불안증을 일으키는 것으로 알려져 왔다. 이산화탄소는 또한 공포증 발작 경험이 없는 사람들에게도 불안증을 유발할 수 있다. 그러나 이산화탄소가 불안증을 일으키는 정확한 과정은 완전히 알려져 있지는 않다.

10 **believes ~ stem from = attribute ~ to**
conditions = causes
temporary ≠ permanent
failure = bad events
≠ favorable situations = good events

비관적인 사람은 나쁜 일은 영구적인 원인 때문에 ("내가 수학 시험에 낙제한 것은 나에게 숫자에 대한 머리가 없기 때문이다"), 그리고 좋은 일은 일시적인 원인 때문에 일어난다고 생각한다("내 남편이 나에게 꽃을 가져온 것은 그가 직장에서 기분 좋은 하루를 보냈기 때문이다"). 그러나 낙관적인 사람은 나쁜 일은 일시적인 원인 때문에 ("내가 실패한 것은 내가 주의를 기울이지 않았기 때문이다"), 그리고 좋은 일은 영구적인 원인 때문이라고 생각한다("그가 내게 꽃을 가져온 것은 그가 나를 사랑하기 때문이다").

EXERCISE 28

1 **stuff = drug**

Pot(marijuana의 속어)은 입문하는 (초보의) 마약인데 이것은 더 강한 마약으로 인도한다.

주의 입문용 마약 → 더 강한 마약

2 **structure = nest**

새 둥지들 중에서 가장 정교한 것은 군거생활을 하는 산까치 무리가 만든 것으로서, 커다랗고 둥근 지붕이 있는 공동의 둥지다.

3 **place = house**
unremarkable = unassuming

깔끔하게 가꾸어진 지역에 있는 수수한 집들 중에서 탐의 집은 주위에 있는 집들과 마찬가지로 수수했다.

4 **facilities = libraries**

타임스 사에는 도서관이 하나 있는데, 많은 대학 도서관들보다 더 크고 소장품도 더 잘 갖추고 있다.

5 **products = fibers**

합성 섬유가 나오기 전에는, 사람들은 전적으로 천연 섬유를 이용해서 천을 만들어야 했다.

주의 합성 섬유 → 천연 섬유

6 **product = camera**

1987년에 그 회사가 앞장서서 전자식 카메라를 설계했는데, 이것은 기계식 카메라를 대체하기 위해서였다.

주의 전자식 카메라 → 기계식 카메라

7 **version = story**

"어떻게 모건을 찾았지?"
"그건 얘기가 길어."
"내게 정말 짧게 얘기해 줘."

주의 긴 얘기 → 짧은 얘기

EXERCISE 29

1 **put into words = say(≠leave unsaid=**

don't say)

그들이 말하지 않는 것이 그들이 실제로 말하는 것보다 흔히 더 중요하다.

2 **left undisturbed = left unmoved**

작약은 옮기는 것을 싫어하므로 옮기지 않는 것이 가장 좋다.

주의 disturb = move

3 **remain unaltered = don't change**

미술에서는 관습과 형식 같은 부수적인 것들만 변하고, 감성과 지성, 상상 같은 근본적인 것들은 변하지 않는다.

4 **go undiscovered = are not detected**

오늘날 고도로 발달된 방법으로 수천 가지 화학 물질들을 지극히 적은 양이 모여 있을 때에도 탐지할 수 있지만, 일부 독극물들은 탐지하지 못할 수도 있다.

주의 detect = discover

EXERCISE 30

1 **gayer = happier**

음악은 만들 수 있다.
신나는 이야기는 더 신나게,
슬픈 것은 ~,
즐거운 것은 ~.

2 **conform to my whims and fancies = obey me**

나는 우주가 나에게 복종하게 만들 수 없다.
나는 다른 사람들이 ~.
나는 나 자신의 신체조차도 나에게 복종하게 만들 수 없다.

3 **those who are polite = polite drivers courtesy = politeness**

누구나 자기가 중시하는 자질 면에서 스스로를 높이 평가한다.
조심해서 운전하는 사람은 주의를 중시하고, 숙련된 운전자는 숙련을 중시한다, 그리고 예의 바른 운전자는 ~.

주의 value = give weight to (~에게 무게를 주다) → 중시하다

4 **blacks were beyond the pale to most white workers(= blacks were hated by most white workers) = most white workers hated blacks**

아일랜드 노동자들은 이탈리아 노동자들을 싫어했다.
독일 노동자들은 아일랜드 노동자들을 싫어했다.
그들은 모두 중국 노동자들을 싫어했다.
그리고, 물론, 흑인 노동자들은 ~

EXERCISE 31

1 **thought ~ atrocious = disliked = criticized**

아버지는 설교가 싫었고, 어머니는 오르간 연주자의 실수가 싫었고, 딸은 합창단의 노래가 싫었다.

2 **emerge = appear = take shape**

처음에는 별 하나하나가 다른 모든 별들로부터 분리되어 있는 것처럼 보인다. 그러나, 좀 더 오래 바라보면, 무리들이 나타나기 시작하고, 짝들이 나타나며, 집단들이 나타난다.

3 **is explicable = is comprehensible = makes sense**

이런 관점에서 보면, 더 높은 목적을 위해 자신의 생명을 의식적으로 희생하는 사람들의 동기가 이해되고, 간디의 힘이 이해되며, 그리스도의 자비로운 행위들이 이해된다.

4 **turn a deaf ear to = disregard = ignore**

너무 늦어 다시 시작할 수 없다고 말하는 사람들을 무시하라.
네가 결코 아무것도 되지 못할 거라고 말하는 사람들을 무시하라.
네가 충분히 영리하지 않고, 충분히 빠르지 않으며, 키가 충분히 크지 않다거나 체구가 충분히 크지 않다고 말하는 사람들을 무시하라.

5 **coexisted with = mixed with = combined with**

그녀의 눈은 상반된 것들이 조화롭게 공존하는 고양이와 같은 특성을 갖고 있었다. 즉, 졸리는 듯한 표정이 완전한 깨어있음과 공존했고, 경계심과 차분한 무관심이 공존했으며, 자랑스럽게 남들로부터 떨어져서 지내는 것과 애정에 대한 갈망이 공존했다.

주의 blended = mixed = combined = coexisted

6 **arisen = occurred = appeared**

글쓰기는 인간의 역사상 꽤 늦게 발생했다. 그러나 말은 글쓰기가 처음 탄생하기 수만년 전에 나타났을 것이다.

7 **fading = declining = decreasing(≠increasing)**

기혼 성인의 비율이 독신과 이혼 인구(=성인)의 증가 때문에 하락(=감소)해왔다. 그러나 그 하락은 둔화되었는데, 그 하락 대부분은 1970년대와 1980년대에 발생했다.

8 **define = see = describe**

어떤 이들은 '겸손'이 자신의 단점과 한계를 인정하는 것이라고 정의하고, 어떤 이들은 자신의 정체를 인식하는 것이라고 보고, 또 다른 이들은 신의 뜻을 찾아서 실천하려는 의지라고 정의한다.

빼대 Some (people) ~. Others ~. Still others ~.

EXERCISE 32

1 **the feeling is not mutual = you don't love him**

넌 뭐라고 말할 수 있겠니, 누군가가 너를 사랑한다고 말하지만 너의 감정은 그렇지 않은 경우에 말야?

2 **vice versa = the Earth exerts a pull on the sun**

태양은 지구를 끌어당기고, 지구는 태양을 끌어당긴다.

3 **not vice versa = it doesn't flow from the cold source to the hot**

열은 뜨거운 곳에서 찬 곳으로 흐르지, 반대로 흐르지 않는다.

4 **is returned in kind = is returned in the same way**

예의 바르고 공경스럽게 남들을 대우하면 같은 대우를 받는다.

5 **replying in kind = making the same unjust criticisms**

그는 부당한 비판을 받아도 같은 방식으로 비판하지 않았다.

6 **Ditto for the "bad." = Look for the bad in others and they will look for the bad in you.**

남들에게서 좋은 점을 찾아라, 그러면 그들도 너에게서 좋은 점을 찾을 것이다. '나쁜' 점에 대해서도 마찬가지다.

7 **The same goes for a woman. = Never marry a woman for her looks or her money. She could lose both.**

절대로 남자의 외모나 돈을 보고 결혼하지 마라. 그는 둘 다 잃어버릴 수 있으니까 말이다. 마찬가지가 여자에 대해서도 적용된다.

8 **marks = distinguishes**
the born gentleman = a true gentle man
manner = way

요지 옷을 입는 방식이 진정한 신사나 숙녀를 구별해 준다.

EXERCISE 33

1 **those who restrict this expression = nonsmilers(= those who don't smile much) ≠ smilers (= those who smile a lot)**

잘 웃는 사람들은 따뜻하고 외향적인 사람들로 생각되고, 반면에 잘 웃지 않는 사람들은 냉정하고 내성적인 사람들로 생각된다.

주의 are perceived as = are thought of as
withdrawn(= introverted) ≠ outgoing(= extroverted)

2 **a stolid individual who seldom laughs (= a patient who seldom laughs = a patient without a well-developed sense of humor) ≠ a patient with a well-developed sense of humor**

잘 웃는 환자가 잘 웃지 않는 환자보다 회복 가능성이 더 있다.

주의 a stolid individual = a patient

3 **with amnesia = that forgets his or her past**

과거를 잊어버리는 국가는 과거를 잊어버리는 개인보다 기능을 더 잘할 수 있는 것이 아니다. (즉, 과거를 잊어버리는 국가는 과거를 잊어버리는 개인이나 마찬가지로 국가 노릇을 잘 할 수 없다.)

4 **what the word "violence" means = the definition of the word "violence"**

나는 '폭력'이라는 단어에 대해 의미상의 문제를 갖고 있다. (다시 말해) 나는 '폭력'이라는 단어가 무엇을 의미하는지 모른다.

5 **what brought them on = their cause**

수년 동안 그의 아내는 두통을 앓아왔다. 의사들은 원인을 찾아내지 못했으나, 그는 원인을 알고 있었다.

6 **who he is = his identity**

친구 하나가 정체성의 위기와 기력의 위기를 동시에 겪고 있다. 그는 자신의 정체를 모르는데, 너무 기력이 떨어져서 그것을 알아낼 수가 없다.

7 **what he came from = his origin**

사람들 사이에서는 자신의 출신에 대해 특별한 중요성을 부여하려는 이상한 욕망이 있다, 마치 사람의 가치가 인격보다는 출신에 의해 평가되어야 하는 것처럼 말이다.

8 **the future = what is to come (=the twenty-first century)**

19세기 말이 미래(=20세기)에 대한 실마리를 제공했듯이, 20세기 말이 미래(=21세기)에 대한 실마리를 제공한다.

주의 provide some clues to = give hints of

9 **what we felt or believed = our feelings or opinions**

우리들 대다수는 비정상적인 가정에서 자라서 감정이나 의견을 드러내는 것은 비웃음이나 처벌을 초래한다는 것을 알게 되었다. 그래서 감정이나 의견을 부정하거나 숨기는 것이 우리들에게는 숨쉬는 것처럼 자연스러운 일이 되었다.

10 **how things are = fact**
how they ought to be = value

과학의 전통적인 목적은 가치가 아니라 사실을 밝혀내는 것이었다. 그러나 과학과 사회의 상호작용에서(=과학과 사회가 서로에게 영향을 주는데) 사실과 가치에 대한 명확한 구분이 더 이상 유지될 수 있겠는가?

EXERCISE 34

1 **his last words were unintelligible**
= I couldn't understand his last words

나는 그의 연설의 대부분을 이해할 수 있었다. 그러나 그의 마지막 말은 (이해할 수 없었다).

2 **This may not be visible to the uninitiated**
= The unexperienced may not see this

이것은 무경험자들에게는 안 보일 수 있다. 그러나 유경험자들에게는 그것이 (보인다).

문맥 experienced ≠ uninitiated
(= unexperienced)

3 **are more comfortable in an unstructured area = prefer an informal work environment**

어떤 사람들은 격식 있는 작업 환경을 선호하나, 어떤 사람들은 (격식 없는 작업 환경을 선호한다).

문맥 formal ≠ unstructured(= informal)

4 **shudder at the thought of a computer with a mind = would not accept that a computer has a mind**

많은 사람들은 자기들의 애완동물에게 두뇌가 있다는 것은 쉽게 받아들이지만 컴퓨터에게 (두뇌가 있다는 것은 받아들이려 하지 않는다).

5 **constitute its basis = are basic to it(≠ are peripheral to it)**

가치는 과학의 주변을 이루는 것이 아니라 과학의 기반을 이룬다.

6 **is incidental to education = doesn't count in education**

졸업장을 받는 것이 교육에서 중요한 것이 아니다. 얼마나 많은 것을 배우느냐가 (중요한 것이다).

7 **She left behind = Her legacy is**

Martha Carter가 남겨놓은 것은 죽음의 메마른 잔재가 아니다. 그녀가 남겨놓은 것은 삶이라는 좋은 포도주의 달콤한 맛이다.

8 **living conditions are responsible for not a few of our woes = a lot of unhappiness is created by living conditions**

모든 불행이 자신에 의해 만들어지는 것은 아니다. 왜냐하면 생활 환경이 적지 않은 (불행을 만들기 때문이다).

9 **love is lacking = there is no love**

사랑이 지배하는 곳에서는 지배하려는 의지가 없고, 지배하려는 의지가 지배하는 곳에서는 (사랑이 없다).

문맥 power = will to power
predominates = rules

화제 사랑과 지배하려는 의지

10 **a flourishing folk culture is ~ literacy = where the folklore thrives literacy decays**

문자 문화가 번성하는 곳에서는 민속 문화(=비문자 문화)가 쇠퇴하고, 반면에 민속 문화가 번성하는 곳에서는 (문자 문화가 쇠퇴한다).

문맥 folklore
= folk culture(= unwritten culture)
≠ literacy(= written culture)
flourish = thrive ≠ decay

화제 문자 문화와 비문자 문화

11 those in the process of disintegration = disintegrating civilizations

성장하는 문명은 끝없는 다양성과 창의성을 보여준다, 반면에 쇠퇴하는 문명은 획일성과 창의성의 결핍을 보여준다.

주의 display = show
grow ≠ disintegrate = decline
variety ≠ uniformity
versatility ≠ lack of inventiveness
(versatility = inventiveness)

EXERCISE 35

1 rage = anger

카타르시스 — 화를 강하게 표출하는 것 — 는 때때로 화를 다루는 한 가지 방법으로 높이 평가받는다.

2 emptiness = void

전에는 한 번도 이 집이 조금이라도 빈 것 같아 보인 적이 없었다. 그러나 지금 이 집에 공허가 엄습했는데 — 그것은 그의 죽은 형(혹은 동생)이 남겨놓은 것이었다.

3 the child's cognitive development = the growth of her intellectual powers

그는 자신의 연구 생애를 어린이의 인지 발달, 즉 지적 능력의 성장에 바쳤다.

4 "anthropogenic" processes = things we do to ourselves

인간 생명에 대한 현재의 이 모든 위협들이 공통적으로 갖고 있는 것은 그것들이 모두 이른바 '인간발생적인' 과정들, 즉 우리 인간들이 인간들 스스로에게 하는 것들이라는 점이다.

5 entertainment = diversion

도시에서는 많은 여유 자금이 오락을 위해 사용되는데, 이 오락은 도시 생활의 우울을 잊기 위한 기분전환이다.

6 ennui = boredom

그는 자신의 일생 대부분을 권태와 싸워왔다, 세상 돌아가는 데 대한 깊고 지속적인 권태 말이다.

7 odor = stench

그 시체 공시소는 독특한 냄새가 났다, 아무리 많은 양의 탈취제로도 숨길 수 없는 그런 불쾌한 죽음의 냄새 말이다.

8 crowd = throng

군중이 해변에 모였다, 어떤 비극적인 일이 일어날 때마다 어디에서 나왔는지도 모르게 형성되는(=모이는) 그런 흔히 볼 수 있는 호기심 많은 군중 말이다.

EXERCISE 36

1 ignorance = dumbness
feign = pretend

Socrates는 무식한 척(혹은 실제보다 더 무식한 척) 할 수 있었다.

2 if our wishes are fulfilled = if we have

what we want

우리는 행복하다, 우리의 소망이 충족되는 경우에, 혹은 달리 말해서, 우리가 원하는 것을 갖고 있는 경우에 말이다.

3 **interactive = dialectic**

Hegel의 견해에 의하면 인간과 자연 사이에는 상호작용적 혹은 변증법적 관계가 존재한다. 인간이 자연을 변화시키면, 인간 자신도 변화된다.

4 **stressed = regarded**
absence of bias
= freedom from prejudice

양적 측정은 또한 과학에서 매우 크게 강조된다. 더욱 더 대단히 강조되는 것은 편견의 부재, 혹은 선입관으로부터의 해방이다.

5 **If language acquisition were purely empirical = If we learned all of language only from hearing it**

만일 언어 습득이 순전히 경험적이라면, 다시 말해, 만일 우리가 언어의 모든 것을 듣기를 통해서만 습득한다면, 들은 것을 되풀이하지 않고 어떻게 창조적으로 말할 수 있는지를 설명하기 어려울 것이다.

문맥 learned = acquired

EXERCISE 37

1 **extraneous(= unimportant) ≠ important**
everything = all material

우리는 중요하지 않은 자료를 모두 이 책에서 잘라냈다 — 다시 말해 이 책에 들어 있는 모든 자료는 중요하다.

2 **to feel rotten = to feel bad = not to feel good**

기분이 좋지 않은 것은 지극히 정상적인 일이다. 이것은 항상 기분이 나쁘거나, 혹은 너무 자주 기분이 나쁜 것조차 정상이라는 뜻은 아니다.

3 **predacious = eating other fish, aquatic animals, and insects**

일부 물고기들은 '포식적'이다. 다시 말해, 그들은 다른 물고기와 수중 동물, 곤충을 잡아 먹는다.

4 **a self-organizing system** = (생략)

살아 있는 유기체(생물)는 스스로 조직하는 체계이다. 다시 말해, 그것의 구조와 기능상의 순서는 환경에 의해 부가되는 것이 아니라 그 체계 자체에 의해 확립된다.

5 **read-only memory** = (생략)

CD-ROM은 정보를 저장하기 위해 사용되는 compact disk이다. 'ROM'은 'read-only memory'를 대신하는 말인데, 이것은 사용자가 이 디스크에 들어 있는 정보를 바꾸거나, 추가하거나 삭제할 수 없다는 뜻이다.

EXERCISE 38

1 **opaque = giving nothing away**

그의 표정은 불투명했다, 다시 말해 아무것도 드러내지 않았다.

2 **allegory = showing us one thing and inviting us to see another**

모든 그림은 하나의 알레고리(상징)다, 다시 말해 한 가지를 보여주고 다른 것을 보게 해 준다.

3 **emotionally flat**
= completely unresponsive to any and all shows of feeling

그녀는 감정의 기복이 없었다. 다시 말해 일체의 감정 표현에 완전히 무반응이었다.

주의 feeling = emotion

4 **biased = unfair**

그 역사책은, 1880년에 쓰여졌는데, 매우 편파적이어서, 남부가 남북전쟁을 일으켰다고 부당하게(=편파적으로) 비난했다.

참고 unfairly = biasedly

5 **homophobic = afraid of close relationships with other men**

'정상적인(=동성애자가 아닌)' 미국 남성들은 호모포비아(동성애공포증)를 갖고 있다. 다시 말해 다른 남성들과의 친밀한 관계를 두려워한다.

6 **overtly aggressive = given to open confrontation when angered**

열 살 때는, 남자아이들과 같은 비율의 여자아이들이 공공연하게 공격적이어서, 누가 화나게 하면 공공연하게 대결하는 경향이 있다.

주의 open = overt

7 **inexpensive = cheap**
bucks = dollars

그 작은 입상들은 값이 싸서, 하나에 5달러 혹은 10달러 이상 나가지 않았고, 어떤 것은 3달러까지 할 정도로 쌌다.

8 **insignificant = amounting to less than one million tons**

그 나라의 석탄 생산은 보잘것없어서, 연간 백만 톤에도 이르지 못한다.

9 **become autistic = cut off most or all interaction with the real world**

한때 완전히 정상적이고 외향적이던 아이가, 자폐적이 되어서, 현실 세계와 대부분의 혹은 모든 교류를 끊어 버릴 수 있다.

10 **exhilarated = joyful**

그는 매우 기뻤는데, 그의 가슴을 채운 그 기쁨은 그가 말로 표현하기 어려웠을 것이다, 그것을 말로 표현해 달라는 요청을 받았더라면 말이다.

주의 joy = exhilaration
put into words = describe

11 **tangible = that can be touched**

고대에는 재물이 유형적으로 평가되고 교환되었다. 다시 말해 손으로 만질 수 있는 것들, 즉 음식물, 도구, 귀금속과 보석으로 말이다.

12 **anthromorphize their pets(animals) = ascribe human perceptions and intentions to the animals**

사람들은 본래 자기들의 애완동물을 인격화하는 경향이 있다. 다시 말해 인간적인 지각과 의도를 그 동물들이 갖고 있다고 생각한다, 사실은 그런 것들이 없는데도 불구하고.

문맥 none = no human perceptions and intentions

13 **anthromorphize animals = ascribe to them human attributes and attitudes**

내 친구 Bobby Halloway의 말에 의하면 나는 동물들을 인격화하는 경향이 있다고 한다. 다시 말해 실제로 동물들이 갖고 있지 않은 인간적인 속성과 태도를 그들이 갖고 있다고 보는 경향 말이다.

14 **contingency = something you expect to happen in the future**
joys and satisfactions = happiness

만일 당신의 행복이 미래 중심적인 것이라면, 다시 말해 당신이 미래에 일어날 거라고 기대하는 일에 (당신의 행복이) 달려 있다면, 당신은 여기서 지금 얻을 수 있는 행복을 놓친다.

15 by using one or another kind of analogy = by representing each new thing as though it resembles something we already know

우리는 무언가를 어떻게 이해하는가? 거의 언제나, 내가 생각하기에 이런저런 종류의 유추에 의해 이해한다. 다시 말해, 하나하나 새로운(=우리가 모르는) 것을 마치 그것이 우리가 이미 알고 있는 어떤 것과 비슷한 것처럼 나타냄으로써 말이다.

문맥 each new thing = each thing we don't know

16 incrementally = by applying bits of knowledge piece by piece

두 대립되는 입장이 문제 해결에 관한 이론들을 지배해왔다. 한 가지 입장에 의하면 문제는 점차적으로 해결된다, 다시 말해 모든 지식의 조각들이 모여서 해결책을 가져올 때가지 지식의 조각들을 한 조각씩 적용해 봄으로써. 다른 입장은 통찰이란 현상에 집중하는데, 그것은 어떤 문제에 대한 해결책을 갑자기 예기치 않게 깨닫는 것이다.

문맥 bits = pieces = components

요지 문제 해결에 대한 두 가지 견해: 1. 점진적 탐구에 의한 해결 2. 돌발적 통찰에 의한 해결

EXERCISE 39

1 inspires behavior = is a motivator

신념은 행동하게 만드는 것이다. (다시 말해) 그것은 행동을 유발한다.

2 a piece of cake = so easy

그 일은 너무도 쉽다. 그것은 누워서 떡 먹기다.

3 as proud as a peacock = so arrogant

토니는 너무도 거만하다. 그는 공작새만큼 거만하다.

4 His grief was so great = He was so sad

그는 너무도 슬픈 나머지 눈물조차 나오지 않았다. 그의 슬픔은 너무도 커서 그는 울 수가 없었다.

5 hooked on = addicted to

그녀는 한 가지 중독을 다른 것과 맞바꾸었다. 그녀는 술을 끊었으나 지금은 약물에 중독되어 있다.

6 procrastinate = put off

나는 아주 심하게 미루는 사람이다. 난 늘상 일을 마지막 순간까지 미룬다.

7 exhale = breathe out ≠ breathe in (= inhale)

코를 통해 천천히 숨을 내쉬어라. 내쉬는 숨은 들이마시는 숨보다 더 오래 걸려야 한다.

8 let go of = give up
misery = unhappiness

행복은 쉬운 것이다. 어려운 것은 불행을 버리는 것이다. 우리는 다른 것은 다 버려도 불행은 버리려고 하지 않는다.

9 the human service
= to work for the common good
creed = religion

인간을 위한 봉사보다 더 높은 종교는 없다. 공동의 선을 위해 일하는 것(=인간을 위한 봉사)이 최대의(= 가장 높은) 신앙(=종교)이다.

10 eludes us = we see last
What is before our nose = The familiar

우리가 인생에서 대개 잘 보지 못하는 것은 친숙한 것이다. 우리는 코앞에 있는 것을 잘 보지 못한다.

11 **sin = harmful and evil actions**
misperceptions of realities = ignorance

불교의 가르침은 일반적으로 죄악을 무지의 결과로 본다. 왜냐하면 해롭고 나쁜 행위들(=죄악)은 현실에 대한 그릇된 관념(=무지)에서 나오기 때문이다.

12 **perish(= die) ≠ exist(= live)**
mutual help = aiding each other

인류는 멸망할 것이다, 서로 돕지 않는다면. 우리는 살 수 없다, 서로 돕지 않으면.

13 **aristocrat = ruler**
superciliously = haughtily

그 왕은 오만한 통치자였으나 폭군은 아니었다. 그는 나라를 오만하게 통치했으나 진정으로 백성들을 사랑했다.

14 **reprove = reprimand**

자만심이 친절보다 더 큰 역할을 한다, 우리가 잘못을 저지른 사람들을 꾸짖는 데에. 우리가 그들을 꾸짖는 것은 그들을 바로잡아주기 위해서라기보다 우리에게는 결점이 없다는 것을 그들로 하여금 믿게 만들기 위해서다.

15 **is everything = counts**

중요한 것은 너에게 어떤 일이 벌어지느냐가 아니라 네가 그것을 어떻게 바라보느냐(=어떤 태도로 대하느냐)하는 것이다. 태도가 중요하단 말이다.

EXERCISE 40

1 **mysterious = unidentified ≠ identified**

많은 경우에, 이전에 안 밝혀졌던 질병의 근원들이 지금은 밝혀졌다.

2 **was as mystified by Corinne's words as she = didn't know what Corinne was talking about as she didn't**

그녀는 알 수 있었다. 자기와 마찬가지로 그도 코린이 무슨 말을 하고 있는지 모른다는 것을. "미안해," 그녀가 말했다. "내가 보기에 우리들 중에 어느 쪽도 네(=코린)가 무슨 말을 하는지 모르는 것 같다."

3 **were perplexed = didn't understand**

비록 처음에는 알지 못했으나, 그들은 그가 뭘 하고 있는지 곧 알게 되었다.

4 **is puzzled before = doesn't understand**
nonexistent = nonobvious

신비주의자란 분명한 것(=존재하는 것)은 이해하지 못하지만, 존재하지 않는 것(=분명하지 않은 것)은 이해하는 사람이다.

5 **are usually stumped**
= don't usually know

이 지역 경찰은 대개 모르지만, 우리는 무슨 일이 벌어지는지 정확하게 안다.

6 **are lost = are at a loss = don't know what to do**

남편이 금전 문제를 처리하게 하는 데에 익숙해져 있는 여성들은 과부가 되면 어떻게 해야 하는지 모른다. 그들은 집안에 수리해야 할 것이 있으면 어떻게 해야 하는지 모른다. 그들은 자기들의 차에 무슨 이상이 생기면 어떻게 해야 하는지 모른다.

7 **are also cognizant of = also know**

만물이 하나라는 것을 알면, 우리는 만물이 다양하다는 것도 안다.

8 **that escape those who dream only by night = that those who dream only by night are not cognizant of**

낮에 꿈을 꾸는 사람들은, 밤에만 꿈을 꾸는 사람들이 모르는, 많은 것들을 알고 있다.

9 **are always hopelessly at sea when they have to do with = don't ever know anything about**

인간의 본성에 대해 모두 안다고 생각하는 사람들은 언제나 비정상에 대해서는 도무지 아무것도 모른다.

10 **facts = knowledge**

우리가 어떤 것에 대해서 모든 것을 다 알아야 그것을 이해할 수 있는 것은 아니다. 너무 많이 아는 것은, 너무 적게 아는 것과 마찬가지로 많이, 이해하는 데에 흔히 장애가 된다.

11 **expertise = knowledge**

1세기 전에, 시그먼드 프로이드는 이미 강조하고 있었다, '부정적인 앎'의 (다시 말해, 무엇을 하지 말아야 할지에 대해서 아는 것의) 중요성을.

12 **information = isolated facts**

비록 그는 개별적인 사실들을 기억할 수는 있으나, 결코 학자는 아니다. (다시 말해) 그는 개별적인 사실들을 암송할 수는 있으나 그것들을 이해하지는(= 연관 지우는 것은) 못한다.

EXERCISE 41

1 **enlightenment eluded her = she couldn't understand it**

그녀는 자신의 감정을 이해하려고 애썼으나, 이해가 되지 않았다.

2 **astute = clever**

컴퓨터는 최선의 경우에는 한 영리한 사람만큼 영리하고, 최악의 경우에는 그 한 사람보다도 덜 영리하다.

3 **complicated(= difficult to understand) ≠ easy to understand**

잘 가르치는 사람은 이해하기 어려운 문제를 이해하기 쉽게 만든다.

4 **incomprehensible(= difficult to understand) ≠ easy to understand**

곤충은 이해하기 쉽다. 이해하기 어려운 것은 인간이다.

5 **senseless(= incomprehensible) ≠ comprehensible**

우리가 마침내 이것을 이해하면, 많은 겉으로 보기에 이해할 수 없는 사건들이 갑자기 이해할 수 있게 된다.

6 **meaningless(= insensible) ≠ sensible**

그들의 사상은 이해할 수 없는 이상한 것이 아니라, (그것이 발생한) 배경 속에서 이해할 수 있다.

7 **This novel still baffles critics = Critics still don't comprehend this novel transparent(= comprehensible) ≠ incomprehensible**

이 소설은 아직도 비평가들로 하여금 갈피를 못 잡게 하고 있는데, 이들 중에는 이 소설을 이해하지 못하면서도 이해하기 쉬운 것이라고 하는 사람들도 있다.

8 **lucid = clear**

그들은 생각한다, 이런 점들이 그들의 머릿속에 수정처럼 분명하니까, 듣는 사람들에게도 마찬가지로 틀림없이 분명하리라고.

9 **make sense = are explicable = are comprehensible**

이런 관점에서, 더 높은 목적을 위해 자신의 목숨을 희생하는 사람들의 동기가 이해되고, 간디의 힘이 이해될 수 있으며, 그리스도의 자비로운 행위들이 이해될 수 있다.

10 **be sympathetic = comprehend beyond his ken = beyond his comprehension = (that) he couldn't comprehend**

그의 아버지는 이해하려고 애를 썼다, 비록 이성 간의 정신적인 사랑은 그가 이해할 수 없는 감정이었지만. Sandy는 마음이 놓였다, 화제가 그들 둘 다 이해할 수 있는 것으로 바뀌자.

EXERCISE 42

1 나에게, 가장 큰 의미에서, 종교가 의미하는 것은 자기를 깨닫는 것 혹은 자기를 아는 것이다.

주의 realization = knowledge
접속사 or 뒤에 있는 knowledge라는 말로 보아, 여기서 쓰인 realization은 '실현'을 뜻하지 않는다는 것을 알 수 있다.

2 그것이 그의 두뇌 속으로 서서히 스며들어왔다, 그것이 모두 끝났다는 깨달음 말이다.
(=He was slowly realizing that it was all over.)

3 그 귀에 익은 목소리가 누구의 것인지 그는 마침내 알아차렸다.
(=He finally recognized the familiar voice.)

4 수 시간이 지나서야 이 극단적인 새로운 생각이 내게 이해되었다.

5 마침내 나는 깨달았다, 내가 아내를 잃었다는 사실을 말이다.

6 나는 그의 사상을 이해하려고 애를 썼으나, 이해하지 못했다.

문맥 he remained impenetrable = I could not fathom them (penetrate = fathom)

7 야, 이 놈아, 네 그 두꺼운 '대가리'에 뭐가 뚫고 들어가겠느냐? 내가 어떻게 해야 네가 이해하게 만들 수 있겠느냔 말이다.

문맥 영어의 thick skull에 들어 있는 경멸적인 암시를 전달하기 위해 우리말의 속어를 이용했다.

8 무거운 침묵이 법정에 내려앉았다, 판사의 말이 무슨 뜻인지 이해됨에 따라서.

9 나는 서서히 깨달았다, 이 사람에게는 뭔가 이상한 점이 있다는 것을.

10 그는 차츰 깨달았다, 아직도 자기에게 희망이 있다는 것을.

11 교사는 자신의 의견을 억지로 학생들의 두뇌 속에 집어넣으려고 애를 썼으나, 학생들은 관심이 없었다.

12 너 구태여 내 머릿속에 집어넣으려고 계속해서 애쓸 필요 없다, 그가 결혼한다는 사실을 알려주려고 말이다. 난 바보가 아냐. 난 아주 잘 알고 있어, 그가 결혼한다는 것을.

13 그녀는 그것을 모두 이해할 수 없었다. 그녀는 전혀 파악할 수 없었다, 자기가 방금 들은 얘기의 전체 의미를 말이다.

문맥 take in = grasp

14 그가 작년에 배운 것 전부가 그의 두뇌 밖으로 새어 나간 것 같았다.

EXERCISE 43

1 그 목소리는 귀에 익은 것이었으나, 그녀는 그 것이 누구의 목소리인지 알 수 없었다.

2 그는 어떤 것에 대해 불안한 느낌이 들었으나, 그것이 무엇인지 전혀 알 수 없었다.

3 최근에 어떤 것이 잘못되어 있다는 느낌이 들었으나, 그녀는 그것이 무엇인지 전혀 정확하게 알 수 없었다.

4 그것은 소리로 보아 40피트쯤 떨어져 있는 것 같았으나, 그는 그것의 위치를 정확하게 알 수 없었다.

5 **make out = see**

우리는 그들이 무슨 말을 하는지 정확하게 들을 수 없었고, 그들의 얼굴도 알아볼 수 없었다.

6 **get a visual fix = see**

발걸음을 멈추고 귀를 기울이자, 그녀는 그가 오는 것을 귀로 확실하게 들을 수는 있었으나, 눈으로 볼 수 없어서 그녀는 분명히 겁에 질려 있었다.

7 **put her finger on = identify**

어떤 것이 그에게서 틀림없이 변했다. 그것은 그녀가 잘 알 수 있는 것이 아니었다. 변한 것이 무엇인지 알 수 없어서 그녀는 걱정이 되었다.

8 **catch on = know**

아무도 우리가 개입되어 있다는 것을 모르는데, 앞으로도 모를 것이다.

9 **Determine = figure out**

화석으로부터 한 공룡의 전체 모습을 알아내는 것은 쉽다, 세부적인 모습들을 알아내는 것에 비해서 말이다.

10 **figured things out = caught on to what was happening**

그들은 너무 둔해서 무슨 일이 벌어지고 있는지 파악하지 못했으며, 그리고 너무 둔해서 조처를 취하지 못했다, 무슨 일이 벌어지고 있는지 파악한 뒤에는.

11 **figure out = understand**

Bruce도 Elizabeth와 마찬가지로 모르는 것 같아 보였으나, 갑자기 그의 눈이 빛났다. "아마도 우리가 저것을 알아낼 수 있으면, 무슨 일이 벌어지고 있는지를 알아내는 데에 도움이 될 거야"라고 그가 생각에 잠긴 듯 말했다.

12 **can't get a good fix on**
= can't understand well
mysterious = impossible to understand
= bewildering

Ronald Reagan의 공식적인 전기를 쓴 Edmund Morris는 인정한다, 자기는 이 전직 대통령을 잘 알 수 없다는 것을. 그는 Reagan을 이렇게 묘사했다. "그는 내가 지금까지 만난 가장 알 수 없는 사람이다. 그를 아는 것은 불가능하다. 내가 그를 알 수 없다는 이 절망감에서 벗어난 것은 내가 알아냈을 때였다, 그를 지금까지 알아온 다른 모든 사람들도(그의 아내를 포함해서) 마찬가지로 그를 알지 못한다는 사실을 말이다."

EXERCISE 44

1 **adversity = misfortune**

그들은 역경을 모르지 않았는데, 자기들의 몫 이상의 역경을 경험했기 때문이었다.

2 kept pace = matured

비록 우리는 신체적으로 그리고 지적으로는 성숙했으나, 정서적으로는 성숙하지 않았다.

3 unwind = become relaxed

신체적으로 긴장을 풀면, 정신적으로 그리고 정서적으로 긴장을 풀 수 있다.

4 under observation = being watched

나는 확실히 알고 있다, 내가 감시 당하고 있지 않다는 것을. 우리 집은 감시 당하고 있지 않다.

5 concerned = worried

그는 그녀에 대해 걱정하는 척하는 것이 아니었다. 그는 진정으로 걱정했다.

6 versions = languages

대부분의 현대 언어들은 옛날 언어에서 유래했는데, 이들 옛날 언어는 우리가 오늘날 이해하기 어려울 것이다.

7 versions = depression

학자들의 추정에 의하면 천만 명의 미국인들이 계절적 우울증을 앓고 있고, 이천 오백만 명이 더 이보다 가벼운 우울증을 일으킨다(=앓는다)고 한다.

8 their better-off peers = better-off children

더 가난한 아이들은 다섯 살 때에 이미 더 부유한 아이들보다 더 많은 두려움과 불안, 슬픔을 갖고 있다.

주의 Poorer(= worse off) ≠ better-off(= richer)

9 needy = poor

비록 그는 가난하게 살고 있지만, 가난한 사람들을 돕기 위해 자기가 할 수 있는 모든 일을 한다.

10 deprivation = poverty

그는 여기서 행복한 어린 시절을 보냈었다, 비록 가난했지만. 어렸을 적에, 그는 자기 집이 가난하다는 것조차 깨닫지 못했었다.

주의 As a kid = In childhood

11 destitute = poor

비록 그는 노상 가난하다고 불평했으나, 그가 죽었을 때, 그는 결코 가난하지 않았던 것으로 밝혀졌다.

12 poor = needy = deprived = underpriviledged = disadvantaged still don't have a dime = am still poor

나는 내가 가난하다고 생각했었다. 그러자 사람들이 내게 말했다, 나는 가난한 것이 아니라 빈곤하다고. 그들은 내게 말했다, 나 자신이 빈곤하다고 생각하는 것은 자신을 패배시키는 것이라고, 나는 궁핍했다. 그러자 그들은 내게 말했다. '덜 갖고 있는' 이란 말이 과용되었다고. 나는 여건이 안 좋았다. 나는 아직도 한 푼도 없다. 그러나 나는 풍부한 어휘를 갖고 있다.

13 haughty = arrogant

그에게는 거만한 것이 없었지만, 그의 행동은 거만한 것으로 오해받을 수 있었을 것이다.

14 smug = arrogant

나는 때때로 다소 자만했었으나, 그런 자만이 갑자기 사라졌다.

15 arrogant ≠ unassuming(= not arrogant = modest)

그는 놀랄 만큼 겸손했으나, 대조적으로 그녀의 오만은 감추기 어려울 정도였다.

16 Conceited = proud

오만하다고? 그는 자신의 오만을 삼키는 것만으로도 몸무게가 5 파운드는 늘 거야.

17 **bigheaded = proud**

나는 내가 거인 같다고 느꼈으나 어머니로부터 들어서 오만을 피해야 한다는 것을 알고 있었기 때문에, 나는 거기에 앉아서 오만하게 굴지 않으려고 애를 썼다.

18 **trance = euphoria**

이국적인 정취가 나는 시골에서 걷다가 나는 행복감에 빠졌으나, 그 행복감은 오래 지속되지 않았다.

19 **malignancy = cancer**

우리가 먹는 음식물이 피부암을 일으킬 위험성에 가장 큰 역할을 할 가능성이 있는데, 피부암은 미국에서 가장 흔한 암이다.

20 **ennui = boredom**

어리석은 사람들은 지루해한다, 할 일이 없을 때에는. 일이 대다수의 사람들에게는 지루함으로부터의 유일한 도피처다.

21 **hooked = addicted**

중독 분야의 많은 전문가들의 말에 의하면 담배를 끊는 것이, 실제로 중독되어 있는 경우에는, 코케인을 끊는 것보다 더 어렵다고 한다.

22 **self-possessed = calm**

때때로 Bobby는 바위처럼 차분한데, 너무도 차분해서 그가 실제로 우리 얘기를 듣고 있는지 궁금할 정도다.

23 **naive = innocent**

남녀 간의 사랑 문제에서, 그녀는 순진한 면이 있었다. 어쩌면 그녀가 깨달은 것보다 더욱 더 순진했을지도 모른다.

24 **vulnerable = sensitive**

그는 민감한 사람이었다. 대부분의 사람들보다 음악, 시, 그림, 소설과 기타 예술의 정서적 영향에 더 민감했다.

25 **somber = melancholy(= depressing)**

그것은 두드러지게 우울한 노래였다. 너무도 우울해서 그 순간과 어울리지 않았다. 나는 그것을 꺼버려야 했다, 그것이 나를 우울하게 만들기 전에 말이다.

26 **precipitous = steep**

그 언덕 비탈은 가파랐으나, 내려올 수 없을 정도로 가파르지는 않았다. 그는 빠른 속도로 내려왔다, 달리 갈 길이 없어서.

27 **Indubitable = obvious**

겉으로는 분명해 보이지만, 이들 원칙은 보기보다는 덜 분명하다.

28 **sensitive = irritated**

어떤 사람들은 특정한 꽃가루로 말미암아 피부가 염증이 일어나는데, 그 꽃가루 생각만 해도 마찬가지 반응을 일으킨다.

29 **make believe = pretend**

헐리우드는 척하는 세계다. 배우들은 (영화를 촬영할 때에) 누군가 다른 사람인 척하고, 영화가 완성되면, 감독들은 그게 좋은 척한다.

30 **Fake = Pretend = Simulate**

너 자신을 존중하는 척하라. 낙관하는 척하라. 사교적인 척하라.

주의 Pretend self-esteem = Pretend that you esteem yourself
Fake optimism = Pretend that you are optimistic
Simulate outgoingness = Pretend that you are outgoing

31 **mind = intellect**

여성의 지능은 남성의 지능에 떨어지지 않는다. 그것은 그저 '다를' 뿐이고 여성의 지능은 다른 범위를 갖고 있다.

32 **adequate = sufficient**

대부분의 노인들은 충분한 양의 성장 호르몬을 갖고 있는데, 충분한 성장 호르몬이 없는 사람들은 정상인들보다 더 빨리 그리고 더 심하게 늙는다.

33 **met = taken care of**

참으면서 기다리지 못하는 것은 자기에게 필요한 것을 먼저 해결하려는 욕망이다. 자기에게 필요한 것을 해결하면, 남들에게 필요한 것에 대해서 참을성을 갖지 않겠느냐?

34 **heedless of = not paying attention to**

다치기 전에, 탐은 계단으로부터 펄쩍 뛰곤했다. "펄쩍 뛰지 말라"는 표지를 무시하고. 지금은 그 표지에 주의를 기울인다.

주의 pay attention to = pay heed to

35 **be acquainted with = know**

어떤 문명 국가의 법률이든지 너무도 수가 많고 너무도 복잡해서 아무도 법률 전부를 완전히 알 수는 없다. 그러나 누구나 법률을 알고 있다고 국가는 생각한다.

36 **computer literacy = knowing how to use a computer**

멀지 않아, 컴퓨터를 사용할 줄 아는 것은 운전할 줄 아는 것처럼 보편적이 될 것이다. 특별한 상황에서만 사람들은 컴퓨터를 사용할 줄 모를 것이다.

37 **concept = idea = perception**

자아 개념(다시 말해 자기 자신에 대한 자신의 생각이나 관념)은 자신의 행동에 영향을 미치는 가장 중요한 단일 요소들 중의 하나다.

38 **unaccounted-for = unexplained**

대부분의 과학자들은 그 새로운 양자 (물리학) 법칙들을 받아들였는데, 그 법칙들이 이전에 설명이 안 된 많은 현상들을 설명해 주는 것 같았기 때문이다.

39 **accounted for = described**

과학이 원칙적으로 인간의 구조와 행동을 물리적인 자연의 일부로 설명할 수 있을지 모르나, 인간은 그렇게 해서는 완전히 설명되지 않는다.

40 **Equally puzzling are = Nor will I understand**

결코 나는 이해하지 못하겠다, 어른이 된 자식들이 부모에게 얹혀사는 것을. 마찬가지로 내가 이해할 수 없는 것은 이런 사태가 벌어지도록 기꺼이 허용하는 부모들이다.

41 **determine our feelings = make us happy or unhappy**

환경만이 우리를 행복하거나 불행하게 만드는 것이 아니다. 환경에 대해 우리가 어떻게 반응하는지가 우리를 행복하거나 불행하게 만들어 준다.

42 **utopian = idealistic**
laughing contemptuously at = deriding

비꼬는 사람들은 국제적인 무장 해제라는 목표를 이상주의적이라고 비웃지만, 다른 사람들의 생각에 의하면 이상주의를 비웃는 것은 아무런 생산적인 결과를 가져오지 않는다.

43 **endure = bear existence = life**

술은 아주 필요한 것이다. 그것은 술을 전혀 마시지 않으면 자신의 삶을 견딜 수 없을 수많은 사람들에게 삶을 견딜 수 있게 만들어준다.

44 **concept = definition**
workout = exercise

운동에 관한 우리의 정의를 넓혀서 덜 힘든 활

동들을 포함시키면 운동이라는 개념은 틀림없이 더 많은 사람들에게 더 많은 매력을 갖게 될 것이다.

45 come into being = occur

더 작은 일들이 일어남에 따라서, 더 큰 일들이 일어나게 만들 수 있다.

주의 come into being : ('존재 속으로 들어오다')

46 bring into being = create

모든 사람들에게는 창의력이 내재해 있다, 비록 창의력의 수준과 만들어내는 것들의 유용성 정도에 있어서는 다르지만.

주의 creative power = creative capability
bring into being : ('존재 속으로 가져오다')

47 take place = come about = happen

나는 기적이 일어나리라 기대했다, 그때 거기서, 그리고 기적이 정말 일어났다. 그러나 너무도 흔히 중요한 변화에 있어서 일어나듯이, 그것은 상당한 시간에 걸쳐 일어났다.

주의 come about 우리의 '주위로 오다' → 일어나다, 발생하다

48 associate = relate

기억하기가 더 쉬운 것은 우리가 기억하려는 대상이 우리가 이미 알고 있는 어떤 것과 관련되어 있을 때다. 그래서 많은 기억 방법들은 권장한다, 우리가 기억하려는 것을 우리가 잘 알고 있는 어떤 것과 관련짓도록 노력하라고.

49 overt = obvious
addictive ≠ nonaddicting(= nonaddictive)

헤로인과 같은 일부 약들은 금단 증상이 분명해서 중독성으로 간주됐고, 반면에 코케인과 같은 약들은 금단 증상이 덜 분명해서 비중독성으로 간주됐다.

50 detect = discover

some poisons go undiscovered = some poisons are not detected

오늘날에도, 비록 고도로 발달된 방법들이 수천 가지 화학 물질들을 지극히 적은 양 모여 있을 때에도 탐지할 수 있지만, 일부 독물들은 탐지되지 않을 수 있다.

EXERCISE 45

1 with a 50% blockage = (artery) that was 50 percent clogged

검시해 보니까 그의 두 동맥은 거의 완전히 막혀 있었고, 셋째 동맥은 50퍼센트 막혀 있었다.

2 one's gut = what one feels

나는 나의 느낌을 크게 믿는다. 나 자신의 느낌은 한번도 나를 저버리지 않았다. 우리의 느낌이 흔히 우리의 생각보다 더 중요하다.

3 frown on(= discourage) ≠ encourage
emotional expressiveness = overt display of feeling

어떤 사회는 감정 표출을 억제하는데, 어떤 사회는 감정 표출을 장려한다.

4 extraneous(= noncentral) ≠ central

훌륭한 재판 변호인은 어떤 문제에 대한 핵심적인(= 관련 있는) 주장만 하고, 비핵심적인(= 관련 없는) 주장은 하지 않는다.

5 bliss ≠ unhappiness
volatile spirits ≠ patience

인내심이 있는 사람들은 가정의 행복을 맛보는데, 인내심이 없는 사람들은 가정의 불행을 경험한다.

주의 = Patient spirits experience domestic

happiness; impatient spirits experience domestic unhappiness

6 **dummy drug(= dummy painkiller) ≠ real painkiller**
administered = given

위약(가짜 진통제)을 주면, 30퍼센트의 환자들은 마치 진짜 진통제를 주었을 때와 마찬가지로 통증의 경감을 경험한다.

7 **to refrain from = not to do**
what promoters harmony and unity = all that is unifying and harmonious

여기 바른 행동을 위한 기본이 있는데, 그것은 분열과 싸움을 가져오는 행동은 하지 않고, 통일과 화합을 가져오는 행동을 하는 것이다.

8 **ignorance = not knowing**
apathy = not caring

무지와 무관심이 오늘날 세계가 직면한 최대의 문제들이라고 생각하느냐는 질문을 받자, 그는 어깨를 으쓱 움츠리면서 대답했다. "나는 모르고 관심도 없다."

9 **Matisse exasperates so many = Matisse's haters are so numerous**
enthusiasts = lovers

마티스를 싫어하는 사람들이 그토록 많다면, 그를 좋아하는 사람들도 똑같이 많다. 이 둘(= 미움과 사랑)은 병행한다. 다시 말해, 예술가는 어떤 사람들로부터 미움을 받아야만 다른 사람들로부터 열렬히 사랑을 받나 보다.

10 **with no difficulty = without exploding**

폭발에 대한 민감성 면에서, 니트로글리세린은 '변덕스럽다' 고 얘기해도 좋을 것이다. 왜냐하면 그것은 하나의 깃털로 건드려도 어떤 때는 폭발하지만, 다른 때에는 지극히 부적절한 방법으로 오용하거나 사용해도 폭발하지 않으니까 말이다.

11 **persistence ≠ giving up(quitting)**
brilliant = greatly talented

성공하는 사람들과 성공하지 못하는 사람들 사이의 가장 큰 차이는 대개 재능이 아니라 포기하지 않는 것이다. 많은 재능이 뛰어난 사람들이 포기한다. 그러나 크게 성공하는 사람들은 포기하지 않는다.

12 **wasn't sure = didn't know**
get a hold on = know
referring to = talking about

"아기라니?" Kathy가 둔하게 울리는 목소리로 되물었다. 그녀는 Elizabeth이 무슨 얘기를 하고 있는지 몰랐다. 그녀의 두뇌는 혼란으로 막혀서 아무것도 알 수 없는 것 같았다. 그러다가 그녀는 알았다. Elizabeth가 틀림없이 그 인형에 대해서 얘기하고 있으리라는 것을 말이다.

13 **the most articulate = the one with the most effective communication skills**

우리들 대부분은 일상적인 상황에서는 의사를 잘 전달한다. 그러나 예기치 않은 상황이나 익숙치 않은 상황에서는 평소에 의사를 가장 잘 전달하는 사람도 무슨 말을 해야 할지 모를 수 있다.

14 **result in = lead to**
higher = increased

화제 갑상선 호르몬

요지 과소 → 활동 둔화(= sluggishness and inertia)
과다 → 활동 증가(= 심장 박동 증가, 두뇌 활동 증가, 산소 소비 증가)
·활동 둔화 = 심장 박동 감소, 두뇌 활동 감소, 산소 소비 감소

15 **items = goods**
gain = rise
decline = decrease = fall

내구재(3년 이상 지속되도록 의도된 상품)에 대한 지출이 1.4% 하락했다. 8월에 3% 상승을 기록한 후에. 자동차 수요의 둔화가 그 하락의 주된 원인이었다. 내구재 지출이 7월에는 1.2% 떨어졌었다.

16 **cultural heritage = intellectual tradition**
flounder = not progress
independent thought = free thought

혁신 없이, 사회는 진보할 수 없다. 그러나 우리가 따를 지적 전통이 없으면, 진정한 혁신은 가능하지 않다. 사고는 자유로우나(=진보적이지만) 문화적(=지적) 전통이 없는 사회는 확실히 진보하지 못할 것이다, 전통에 얽매여 자유로운 사고를 못하는(=진보적이지 않는) 사회나 마찬가지로 말이다.

요지 혁신과 지적 전통이 있어야 사회는 진보할 수 있다.

17 **question = doubt**
madmen(= insane people) ≠ sane people
rationality = sanity
doubt himself = question his sanity

정신이 정상인 사람들만이 자신들의 제정신을 의심한다. 진정한 정신 이상자들은 언제나 자신들의 정신이 정상이라고 굳게 믿고 있다. 그러므로 그는 틀림없이 정신이 정상일 것이다, 자기 자신의 제정신을 의심할 능력까지 있으니까 말이다.

18 **content = satisfied**
things as they are = the existing state of affairs

불만이 발전의 첫걸음이다. 우리가 모두 현실에 완전히 만족한다면, 발전은 없을 것이다. 우리가 현실에 만족하지 않을 때에만 우리는 현실을 더 낫게 만들기 위해 어떤 것을 해야 한다는 결심을 한다.

19 **affiliation = belonging**
instinct = drive = need

우리들 모두에게는 우리들 자신보다 더 큰 어떤 것에 소속하고 싶은 뿌리 깊은 욕구가 있다. 이 요구를 심리학자들은 가입 충동이라고 부르는데, 가입하고 싶은 대상에는 사람과 장소, 재산이 포함된다. 소속(다시 말해, 가까운 사람들이 우리들을 원하고, 받아들이며, 좋아하고, 사랑해 주는 것)에 대한 우리들의 본능은 지극히 강하다.

20 **what we see we could be and should be**
= the dream or vision
what we are = the accomplishment

우리는 알아야 한다, 우리의 꿈이나 희망은 언제나 우리의 현실 너머에 있으리라는 것을. 이러한 우리의 꿈과 우리의 현실의 괴리는 우리가 인간인 한 남아 있을 것이다. 왜냐하면 현실이 희망에 접근하면, 자연히 인간은 그 희망을 확장할 테니까 말이다... 꿈과 현실의 이러한 괴리는 교사의 용기를 빼앗지 않는다. 오히려, 그는 용기를 얻는다. 이러한 분리로 만들어지는 긴장이 어쩌면 모든 성장의 주요 원인일 거라는 사실에 의해서 말이다.

21 **display = show**
versatility ≠ lack of inventiveness
(inventiveness = versatility)
disintegration ≠ growth

성장하는 문명은 끝없는 다양성과 창의성을 보여주는데, 반면에 쇠퇴하는 문명은 획일성과 창의성의 결핍을 보여준다.

22 **frustrated = miserable**
set your goals out of reach
= have unrealistic expectations

내가 아는 가장 불쌍한 사람들 중의 일부는 비현실적인 기대를 습관처럼 하는 사람들이다. 진정으로 불행하기를 바란다면, 이룰 수 없는(=비현실적인) 목표(=기대)를 세워라.

23 **miserable = unhappy**
wrongs = injuries

세상에서 가장 불행한 사람들 중의 일부는 과거에 자기들에게 가해진 상처를 잊을 수 없는 사람들이다. 다른 사람들도 똑같이 불행한데, 그것은 그들이 남들에게 가한 상처를 잊을 수 없기 때문이다.

24 **didactic = instructive**
distract = entertain

비록 수세기 동안 문학은 오락뿐만 아니라 교훈을 제공해 주는 것으로 생각되었으나, 현대의 독자는 교훈적인 작품에 대해서는 참을성이 거의 없고 오락만 추구할 뿐이다.

25 **Beware(= Fear) ≠ Do not fear**
applaud(= praise) ≠ criticize

두려워하지 마라, 너의 적들이 너를 비판할 때에는. 두려워하라, 그들이 칭찬할 때에는.

26 **counts for so much**
= makes or breaks our happiness

어떤 일이 우리들에게 벌어지느냐가 우리의 행복을 만들거나 깨뜨리는 것이 아니라, 어떻게 우리가 생각하느냐가 중요한 것이다.

27 **makes us feel tense = is stressful**

우리들에게 일어나는 일 자체가 스트레스를 주는 것이 아니라, 우리가 그 일에 대해서 어떻게 생각하느냐가 스트레스를 준다.

EXERCISE 46

1 **courteous = polite**

그는 너무도 예의바른 사람이어서 자기 자식들에게까지 예의바르게 대했다.

2 **parched = arid**

그 땅은 참으로 메말랐다. 너무도 메말라서 가장 튼튼한 식물들도 생존할 수 없었다.

3 **mobile = migratory**

미국인들은 언제나 쉬지 않고 이주하는 국민이었다. 그러나 그들의 새로운 이주 습관은 과거의 습관과는 전혀 다르다.

4 **emulate = copy**

그는 그 순간부터 Jonathan을 흉내내기로 결심했다. 그의 모든 손짓과 그의 모든 말을 흉내 내겠다고.

5 **mimicry = imitation**
listens to = hears

학생이 외국어 말하기를 배울 때 첫 단계에서는 모방이 필요하다. 학생은 본보기가 되는 사람의 말을 듣고, 듣는 것을 모방한다.

6 **regard = respect**

요즘은 자식들이 자기들에게 하는 말을 존중하는 부모들이 거의 없다. 젊은이에 대한 과거의 존중이 빠르게 사라지고 있다.

7 **hostilities = war**

전쟁의 발발이 처음에는 Einstein의 일상 생활에 영향을 미치지 않았다. 일반적인 의견이 그 전쟁은 곧 끝나리라는 것이었으니까 말이다.

8 **split = divided**

요즘 미국의 두 정당은 경제적인 노선에 따라 훨씬 더 크게 분열되어 있는데, 이 분열은 대공황 기간 중의 미국 국민의 분열을 생각나게 한다.

9 **attention = care**
cared for = attended to

그 여자는 끊임없는 보살핌이 필요하여 친척들이 보살펴준다.

10 **pacify = calm down**

연사는 그 폭도들을 진정시키려 했으나 진정시킬 수 없었다.

11 **alleviate = mitigate**
the cries and other signs of pain
= suffering

사람들의 고통을 완화시켜주는 약(=진통제)이 많은 다른 동물들의 고통을 완화시켜준다.

12 serves as = makes

부엌용 foil을 만드는 것과 같은 금속이 전투용 탱크의 장갑을 만든다.

13 forms = is the material of

잔디밭 의자와 야구 방망이의 재료가 비행기와 우주선의 핵심 부품들의 재료이기도 하다.

14 at odds = in conflict

정말이지, 이제 노골적인 갈등은 더 이상 유태인과 아랍인 사이에만 있는 것이 아니다. 유태인들 자신들이 점점 더 서로 갈등하고 있다.

15 called off = canceled

Harry는 그 시합이 취소되지 않으리라는 것을 잘 알고 있었다. 왜냐하면 Quidditch 시합은 폭우와 같은 사소한 일 때문에 취소되지는 않았기 때문이다.

16 written off = dismissed

지금은 정직한 의견들이 자신들과 맞지 않는다고 해서 편견이라고 일축되고, 기준에 충실하기만 하면 엘리트주의라고 일축하는 시대다.

17 go off = explode

폭발하는 폭탄 20개당 평균 한 개는 폭발하지 않았다.

문맥 failed to go off = did not explode

18 offset = compensated for

다음날 아침의 밝음과 따뜻함이 전날의 흐림과 추위를 보상하고도 남았다. 그것은 마치 자연이 자신의 변덕스러움을 보상해 주려고 애쓰는 것 같아 보였다.

19 precepts = rules live by = follow
implicit(= informal) ≠ formal

태국의 비구니들은 여덟 가지 계율을 따르겠다고 서약한다. 이 여덟 가지 공식적인 계율 외에, 비구니는 여러 가지 비공식적인 계율을 따라야 한다.

20 abide by = adhere to
principles = code of conduct

우리는 벤치마킹에 참가하는 모든 단체와 사람들이 이 행동규범을 따르기를 권장한다. 이 행동규범을 따르는 것은 효율적이고, 효과적이며, 윤리적인 벤치마킹에 이바지할 것이다.

21 was in = worked

Mary Ellen은 통상적으로 월·수·토요일에만 근무했지만, 오늘 근무했다. 이번 주에는 자기 아들 생일파티 때문에 토요일에 쉬고 싶어서였다.

22 put in = traveled

그는 어떤 날에는 겨우 10마일 여행했으나, 어떤 날에는 30마일 이상 여행했다.

23 give in = concede

내가 어떤 사람과 논쟁을 할 때마다, 양보하는 것은 항상 나인 것 같다, 왜냐하면 상대는 양보하려고 하지 않기 때문이다.

24 step in = intervene

너의 가장 좋은 희망은 제3자가 중재하게 하는 것이다. 나는 가족 중에서 그녀의 존경을 받는 사람을 (중재자로) 권한다, 아니면 아마 당신의 의사나 목사가 중재할 수 있을 것이다.

25 puke = toss up

그는 마치 토할 것 같은 생각이 들었다. 그러나 그는 아침을 먹지 않아서 아무것도 토할 것이 없었다.

26 throw up = puke

"맙소사, 너 토할 것 같구나!" 잠시 동안 Josh는 정말 자기가 토하리라 생각했다.

27 **giving voice to = expressing**

어쩌면 나는 두려워하고 있나 보다. 내가 깨어 있을 때 표출하고 싶지 않는 감정들을 꿈속에서 표출할까봐 말이다.

28 **framing = expressing**

고마움을 표현하는 능력은 소수의 사람들에게 있다. 그들은 태어났다, 우아한 혀와 적절한 말을 갖고서. 그러나 우리들 대다수는 고마움을 가장 효과적으로 표현하는 기술을 습득해야 한다.

29 **dazzle = charm**
putting things = communicating

너는 매력적인 의사 전달 방식으로 다른 사람들을 매혹시킬 것이다. (매력적인) 의사 전달(방식) 덕분에 너는 분명히 점수를 딸 것이다.

30 **places = soil do = grow**

몇몇 종류의 물망초는 시원하고 습한 토양에서 가장 잘 자란다. 그러나 다른 것들은 건조한 토양에서 잘 자란다.

31 **do badly = fail**

만일 부모와 교사가 어떤 아이가 학교에서 낙제하리라 기대하면, 그들의 기대는 '암시력'에 의해, 실제로 그 아이를 낙제하게 만들 수 있다.

32 **lavatory = men's room**

그는 곧장 가장 가까운 남자 화장실로 갔다. 다행히, 화장실 안에는 아무도 없었다.

33 **penitentiary = prison**
gave her the creeps = made her shudder

"저기 오른편에 저 괴물 같은 것이 뭐지?" "주교도소야." Brad가 대답했다. Elizabeth는 오싹했다. 교도소는 그녀를 오싹하게 만들었다.

34 **studied insult = calculated rudeness**

아무도 영국인들처럼 의도적으로 무례할 수는 없다. 이것은 미국인들을 놀라게 한다. 왜냐하면 그들은 의도적인 무례를 이해하지 못하기 때문이다.

35 **The cause of knowledge = Truth**

진리는, 아름다움과 같이, 그것 자체로 충분하다(자립한다). 진리는 당파적인 지지가 필요하지 않다. 그것은 자체의 가치로 서기(=자립하기) 때문이다.

36 **indulge in self-pity = feel sorry for himself**

나는 요사이 나의 삼촌에 대해 많이 생각한다, 특히 나 자신에 대해 불쌍한 생각이 들기 시작할 때. 그는 한 번도 자기 자신에 대해 불쌍하게 생각하도록 내버려두지 않았다.

37 **complexion = face**
his face brightend = he blushed

Paul은 지중해안의(=붉은) 얼굴이어서 얼굴을 붉히는 것을 알아보기 어려웠다. 그러나 Tom은 그가 얼굴을 붉혔다고 생각했다.

38 **florid my face becomes = I blush**
= I turn red

나는 쉽게 얼굴을 붉힌다. 나는 누가 '화장지'라는 말만 해도 얼굴을 붉힐 수 있다. 게다가 얼굴을 안 붉히려고 애를 쓰면 쓸수록 내 얼굴은 더 많이 붉어진다.

39 **carcinogenic = cancer-causing**
compounds = substances

오염된 도시의 공기 중에서 많은 발암물질이 발견되어 왔다. 그러나 이들 물질이 발견되는 농도에서 사람들에게 암을 일으킨다는 직접적인 증거는 없다.

40 **worthwhile = noble frailties = defects**

너무 고귀하게 굴지 말고, 항상 몇 가지 인격상

의 결점들을 지녀라(=보여줘라). 사람들은 남의 결점에 대해 얘기하길 좋아한다. 고귀하게 굴어야 한다면, 너 자신에게만 그렇게 하라.

41 **mike fright**
= being afraid of a microphone

오늘날에는 마이크 공포증이 드물다, 마이크가 너무도 친숙한 기구이기 때문이다. 그러나 마이크 공포증은 일부 저명한 사람들을 괴롭혀왔다.

42 **doing coke = snorting cocain**
straight = not doing coke

내 아들은 6개월 전에 학교를 중퇴했다, 계속해서 교실에서 잠을 자고 모든 과목에 낙제했기 때문이었다. 우리는 그가 자기 방에서 코케인을 흡입하는 것을 보고, 그를 재활센터에 집어 넣었다. 그러나 그는 코케인을 끊었다고 맹세한 지 2주일 뒤에 또 다시 코케인을 흡입하고 있었다.

EXERCISE 47

1 **affliction = terrible thing**

지진아로 태어나는 것은 괴로운 일이다. 그러나 아는 사람들이 거의 없지만 천재로 태어나는 것 또한 괴로운 일이다.

2 **emotional disorder = psychiatric problem**
over the course of life
= during their lifetime
suffered from = experienced

정신 질환의 경우를 보라. 이 질환은 미국인 두 명 중에 한 명 정도가 일생 중에 경험한다. 8,098명의 미국인들을 표본으로 뽑아서 조사한 바에 의하면 48퍼센트가 일생 중에 적어도 한 가지 정신 질환을 경험했다고 한다.

3 **long for = crave**

많은 사람들에게 있어서 믿음은 분명히 충분하지 않다. 그들은 확고한 증거, 과학적인 증거를 원한다. 그들은 과학이 공식적으로 인정해 주기를 바란다.

4 **find solace in = crave = love**

어떤 사람들은 아이스크림을 좋아하고, 어떤 사람들은 퍼지나 치즈케이크를 좋아하는데, 나는 빵을 좋아한다.

5 **go for = enjoy**

화제 아이들이 좋아하는 책

요지 6~9세: 취미와 관심거리에 관한 책
9~12세: 유머, 전설, 더 긴 시, 허클베리 핀과 같은 고전과 더 복잡한 이야기

6 **went for = cost**

쌀 한 봉지 가격이 전쟁 전에는 1달러 이하였으나 지금은 암시장 가격으로 20달러 이상이다.

7 **going for = selling for**

내년 여름이면, 현재 1파운드에 1.79달러에 팔리는 햄버거가 2.40달러에 팔릴 수 있을 것이다.

EXERCISE 48

1 **enigmatic = mysterious**

내가 알기에 그는 과거에 알 수 없는 사람이었다. 그러나 이처럼 알 수 없었던 적은 한 번도 없었다.

2 **docile = obedient**

Tom은 말을 잘 듣는다. 그러나 그의 남동생

(혹은 형)은 그렇게 말을 잘 듣지 않는다.

3 **suspicious = mistrustful**

지극히 남을 못 믿는 사람들은 그렇게 남을 못 믿지 않는 사람들보다 사망률이 더 높았다.

4 **contrived = invented**

우리는 우리의 유전자, 우리의 문화, 우리의 사회, 우리의 특정한 교육에 의해 만들어진 존재다. 그러나 이상하게도 우리는 우리가 그토록 완전히 만들어졌다는 것을 모르고 있다.

5 **contrived = planned**

좋은 소설은 모두 주의 깊게 고안된 것이다. 그 소설의 요소들은 서로 딱 맞게 설계되어 있다, 독자에게 영향을 끼치기 위해서 말이다.

6 **create havoc = be ruinous**

강한 감정이 사리를 따지는 데 해를 끼칠 수 있지만, 감정에 대한 의식이 부족(=강한 감정의 부족)한 것 또한 해를 끼칠 수 있다, 특히 운명을 크게 좌우할 결정들을 숙고하는 데에는 말이다.

7 **filched = stole**

그들은 Bobby가 카메라를 갖고 있는 목적을 알아챘다. 그래서 그들은 그 카메라를 훔쳤었다. 그들은 그의 새 카메라도 훔쳤다.

EXERCISE 49

1 **savage = primitive**
races = peoples
lacking in = without

아무리 미개하더라도 종교 없는 인종은 없다. 또한 어떤 미개한 인종도 학문 없는 인종은 없다.

2 **taken in = fooled**

우리는 아무 일 없었던 것처럼 말하려고 애썼다. 그러나 우리는 너무도 많은 것을 함께 겪어왔기 때문에 나는 속지 않았다(=진실을 알았다). 그도 또한 내가 안심시키려고 간신히 생각해낸 몇 마디 말에 속지 않았다.

3 **chummy = friendly**

Ellen은 컴퓨터 게시판에서 많은 사람들과 친해졌다. 그녀는 특히 한 남자와 친했다.

4 **upfront = honest and straightforward**

Elizabeth는 그가 알고 있는 가장 정직하고 솔직한 사람이었다. 그녀는 이 문제에 대해서 특히 정직하고 솔직했다.

주의 especially와 particularly는 앞에서 한 얘기의 일부나 전부를 강조하는 역할을 한다.

5 **fission = division**

Bohr는 Hahn이 관찰한 그 핵 분열 실험의 중요성을 즉각 깨달았다 — fission이라는 용어는 Frisch가 생물학에서의 세포 분열(division)과 유사한 점을 이용하여 만들었다.

6 **drive~up a wall = be annoying to(= annoy) = irritate = bother**

사람들은 다른 사람들을 짜증나게 할 수 있는 습관들을 갖고 있다. 학생들이 교실에서 볼펜을 딸깍거리는 것은 나를 짜증나게 한다. 치약 뚜껑을 닫지 않는 사람들도 짜증나게 하는 또 하나의 원인이다. 불행하게도, 우리들은 모두 무의식적으로 다른 사람들을 짜증나게 하는 일을 한다, 그러나 그것은 우리들 모두가 인간에 불과하기 때문이다.

EXERCISE 50

1 **extraordinary = unusual**

Harry에 대한 모든 이상한 것들 중에서, 이 흉터가 가장 이상했다.

2 **offense = trouble**
were preceded by = followed

골치 아픈 일이 따라오기(=일어나기) 전에 흔히 이런 저런 종류의 감정 때문에 목소리가 높여졌다. 그러나 때로는 가장 골치 아픈 일이 일어나기 전에 의도적인 침묵이 있었다.

3 **livid = furious**

그는 자기가 이 여자에게 분노해야 할 이유가 없다는 것을 알고 있었다. 그렇지만 그럼에도 불구하고 그는 화가 나 있었다.

4 **credulous = ready to believe**

우리는 가장 이상한(= 믿을 수 없는) 것들을 언제나 쉽게 믿는다. 사람은 가장 쉽게 믿는 동물이다.

5 **incredulity = nonbelieving (or refusal to believe)**

오늘 그녀는 수용적인 마음이어서, 그가 그녀에게 하는 말을 모두 믿었다 — 아주 대조적으로 어제는 완강하게 안 믿으려고 했었다.

6 **implacable = not merciful(= merciless) ≠ merciful**

비록 천성적으로 관대했지만, 그는 그 살인자에 대해서는 관대하지 않았다.

7 **unwind = become relaxed**

정신적인 긴장은 대개 신체적인 긴장을 가져온다. 우리는 이것을 역전시킬 수 있다. 즉, 신체적으로 긴장을 풀면 정신적으로 긴장을 풀 수 있다.

8 **in their element = comfortable**
when the tables are turned = when they are receiving pleasure or assistance from others

자신을 희생하는 사람들은 마음이 편하다, 자기들이 남들에게 즐거움이나 도움을 줄 때에는. 그러나 그들은 마음이 편치 않다, 사정이 역전되었을 때에는(=자기들이 남들로부터 즐거움이나 도움을 받을 때에는).

EXERCISE 51

1 유명은 불행의 근원이고, 무명은 행복의 근원이다.

표면 toil and sorrow 노고와 슬픔

문맥 toil and sorrow(= unhappiness)
≠ happiness
renown(유명) ≠ obscurity (무명)

2 가난한 사람들은 생각한다, 자기들이 행복하게 되는 것은 부자가 될 때라고. 부유한 사람들은 생각한다, 자기들이 행복하게 되는 것은 건강하게 될 때라고.

표면 are rid of their ulcers 궤양에서 벗어나다
문맥 are rid of their ulcers = become healthy

요지 사람들이 생각하는 행복의 조건: 빈자 – 재산, 부자 – 건강

3 내가 아는 가장 어리석은 사람들 중의 일부는 고등 교육을 받은 사람들인데, 반면에 내가 아는 가장 현명한 사람들 중의 일부는 고등 교육을 못 받은 사람들이다.

표면 ignorant 무식한
문맥 ignorant(= foolish) 어리석은 ≠ wise

표면 never made it past high school
고등학교를 졸업하지 못했다
문맥 고등 교육을 받지 못했다

4 표면 will not belong to the educated community
교육받은 집단에 속하지 못하다

문맥 are not well educated(≠ are well educated)

요지 어떤 학생들은 학점은 적게 받았지만 유식한데, 어떤 학생들은 학점은 많이 받았으나 무식하다.

5 표면 with any imagination and understanding
조금이라도 상상력과 이해력을 갖고 있는

문맥 who are wise(≠ who are stupid)

표면 are filled with doubt and indecision
회의와 우유부단으로 가득 차 있다

문맥 don't feel certainty 확신하지 못한다

요지 확신하는 사람들은 어리석고, 현명한 사람들은 확신하지 못한다.

6 표면 The number of physical phenomena amenable to scientific explanation
과학적으로 설명될 수 있는 물리적인 현상의 수효

문맥 우리들의 물리적인 지식 (Our scientific knowledge of physical phenomena)

표면 remains relatively insignificant
비교적 하찮은 상태에 남아 있다

문맥 거의 증가하지 않는다(≠ 많이 증가한다)

요지 우리들의 물리적인 지식은 많이 증가하나, 윤리적인 지식은 거의 증가하지 않는다.

7 표면 a depressed mind 우울한 마음

문맥 부정적인 감정(negative emotions ≠ positive emotions)

요지 부정적인 감정 → 면역 체계 약화
긍정적인 감정 → 면역 체계 강화 가능

8 표면 too many people are downright insolent
너무도 많은 사람들이 노골적으로 서로 존중하지 않는다

문맥 사람들은 서로 존중하지 않는다 (people don't respect one another)

9 표면 The pretty can get away with anything
잘생긴 사람들은 어떤 (무례한) 행동을 해도 무사히 넘어갈 수 있다

문맥 예의 바른 행동은 잘생긴 사람들에게 필요하지 않다(Manners are not the need of the pretty)

10 표면 they are rarely answered clearly
대답이 분명한 경우는 드물다

문맥 대답은 간단하지 않다 (the answers are not simple)

요지 그런 물음들: 듣기에는 간단, 실제로는 복잡

11 표면 are more comfortable in an unstructured area 체계 없는 공간에서 더 마음이 편하다

문맥 격식 없는 작업 환경을 선호한다
(prefer an informal work environment).

12 표면 profess values in everyday life that are thoroughly secular 일상 생활에서는 철저히 세속적인 가치를 고백한다

문맥 비공식적(=사적)으로는 매우 비종교적이다 (are extremely irreligious in an informal way)
thoroughly = extremely
secular(= not religious) ≠ religious

13 요지 그의 신앙: 말로는 - 열렬하나, 행동은 - 열렬하지 않음

문맥 lukewarm(= not fervent) ≠ fervent

14 표면 the sniffles begin, as if on cue, when a problem at work or home overwhelms our capacity to cope
코를 훌쩍이기 시작한다, 마치 신호에 의해서 하는 것처럼, 직장이나 가정에서의 문제가 우리의 대처 능력을 압도할 때면.

문맥 자주 감기에 걸린다, 일이 잘 안 될 때에는 (we frequently get colds when our lives are not going well)

15 표면 effective in ~에서 효과적인

문맥 able to cope with ~에 대처할 수 있는

요지 스트레스 호르몬의 과다는 대처 능력을 저해하므로 소수만이 긴급상황에 대처할 수 있다.

16 표면 and waiters would not stoop to something like cleaning streets
웨이터는 자신을 낮추어서 거리 청소 같은 것을 하려 들지 않는다

문맥 웨이터는 거리 청소부 위에 있다고 생각한다 (waiters feel above street cleaners)

17 표현 should rank among the fine arts
홀륭한 예술에 속해야 한다

문맥 가장 어렵다 (is most difficult)

주의 get married 결혼하다
stay married 결혼 생활을 유지하다

18 표현 averse to the role of an artist overwhelmed
뭔가에 사로잡힌 화가의 역할을 싫어하는

문맥 loath to accept labels of an artist overwhelmed 뭔가에 사로잡힌 화가라는 칭호를 싫어하는

요지 고호가 싫어한 칭호: 미친 천재, 뭔가에 사로잡힌 화가

19 그 절벽은 전통적인 등반 기술을 많이 요구하지 않았지만, 대신에 새로운 기술을 많이 요구했다.

표현 demanded a whole new repertoire of skills
전체의 새로운 레퍼토리의 기술을 요구했다

문맥 많은 새로운 등반 기술을 요구했다 (required many new climbing techniques)

20 걱정은, 어떤 의미에서, 잘못될 수 있는 것과 거기에 대처할 방법에 대한 예행 연습이다. 걱정의 과제는 인생의 문제들이 발생하기 전에 예상하여 대처하는 것이다.

표현 come up with positive solutions to life's perils 인생의 위험들에 대한 긍정적인 해결책을 강구하다

문맥 잘못될 수 있는 것들에 대처하다 (deal with what might go wrong)

21 두뇌는 자기가 필요로 하는 것은 기억하고 필요하지 않는 것은 빨리 잊어버린다.

문맥 holds on to(= remembers) ≠ forgets
what is irrelevant(= what it doesn't need) ≠ what it needs

22 검사가 끼어들어 말했다. "재판관님, 저는 단언합니다, 저의 심문 노선이 우리가 방금 들은 증언과 관계가 있다고. 그것은 또한 피고의 의사로서 능력과도 관계가 있습니다."

문맥 is relevant to = has to do with

23 도덕은 원시적인 개념으로 고대에는 쓸모가 있었으나 현대에는 쓸모가 없다.

문맥 in earlier stages of social evolution(= in ancient times) ≠ in the modern age
without relevance(= useless) ≠ useful

24 불행하게도, 인간을 달에 보내기 위해 사용되는 기술은 대도시 중앙의 과밀 지역의 문제를 해결하는 데에는 거의 사용될 수가 없다.

문맥 relevance = employability (사용 가능성)

25 사랑이 지배하는 곳에는 지배하려는 의지가 없고, 지배하려는 의지가 있는 곳에는 사랑이 없다.

문맥 where power predominates, love is lacking = where will to power rules, there is no love

26 문자문화가 번성하는 곳에는 비문자 문화가 쇠퇴하고, 반면에 비문자 문화가 번성하는 곳에는 문자 문화가 쇠퇴한다.

문맥 a flourishing folk culture is ~ literacy = where the folklore thrives literacy decays
flourish = thrive
folk culture = the folklore

27 평범한 아이디어라도 실천하면 실천하지 않는 뛰어난 아이디어보다 훨씬 더 가치가 있다.

문맥 a flash of genius that ~ mind = a brilliant idea that is not put into practice

EXERCISE 52

1 어째서 어떤 사람은 바다(= 어떤 대상)의 아

름다움에 감동을 받는데, 다른 사람은 감동 받지 못할까?

2 어떤 사람들은 생활 환경으로부터 영양분(= 유익한 것)을 얻는 방법을 아는 것 같은데, 다른 사람들은 같은 환경으로부터 아무 혜택도 얻지 못하는 것 같다.

3 문맥 Einstein displayed ~ him = Einstein was not sexually inhibited (Einstein은 성적으로 자신을 억제하지 않았다)

4 그 장례식은 죽음을 생각하게 해주었는데, 그것은 그들의 머릿속을 떠나지 않고 생각하게 해주었다, 언젠가는 자기들도 반드시 죽는다는 것을.

표현 meet their Maker ~ them 자기들의 조물주를 만나서 자기들에게 부과된 비난에 답하다

문맥 죽다(die)

문맥 evocation = reminder

5 마음을 통해서만 우리는 올바르게(= 가장 중요한 것을) 본다. 가장 중요한 것은 눈으로는 볼 수 없다.

문맥 rightly = what is essential

6 우리는 노상 같은 것을 보는 것을 좋아하지 않는다. 만일 우리가 어떤 전시에 관심을 갖게 하려면, 뭔가 다르고 새로운 것을 보여주어야 한다. 노상 같은 것만 보여줄 수는 없다.

표현 Imitation cannot be practiced forever 노상 모방을 실천할 수는 없다.

문맥 노상 같은 것만 보여줄 수는 없다 (The same thing cannot be shown all the time)

문맥 distinctive(= different) ≠ same forever = all the time

7 사람들은 체력이나 지능, 매력, 혹은 건강에 있어서 평등하지 않다. 이들 특징에 있어서 자연의 법칙은 불평등이다.

문맥 diversity = inequality

8 문명 사회의 특징은 차이를 용납하는 것이고, 미개 사회의 특징은 차이를 용납하지 않는 것이다. (The one characteristic of all civilized societies is a tolerance of "difference"; the one characteristic of all uncivilized societies is an intolerance of difference.)

9 Hall은 평소에는 거의 화를 내지 않았으나, Woodall이 협조하기를 거부했다는 소식을 듣자 벌컥 화를 냈다.

문맥 flew into a rage(= was quick to anger) ≠ was slow to anger

10 너무도 흔히 평소에는 신중하게 행동하는 사람이 술을 마시고 자제력을 잃게 되면 신중하지 않은 행동을 하여 난처한 입장에 빠진다.

11 그는 평소에 욕을 거의 하지 않았다. 그러나 지금은 자기가 알고 있는 온갖 욕을 퍼부어 대면서, 신과 우주와 인생 — 그리고 자기 자신을 저주했다.

문맥 strung together ~ he knew = used all the foul language that he knew

12 여느때 같으면 그를 호되게 비판했을 사람들이 지금은 눈물을 글썽이며 그를 칭찬하고 있었다.

문맥 normally would tear him apart = normally would criticize him harshly

13 많은 사람들은 자기들 자신의 종교가 사악하거나 편협하다고 말하면 놀라겠지만(= 동의하려고 하지 않겠지만), 다른 종교들이 그렇다고 말하면 쉽게 동의할 것이다.

문맥 would be appalled = wouldn't agree
have a lot to answer for = are described as vicious or intolerant

EXERCISE 53

1 **reflective(= thoughtful) ≠ thoughtless**

전에는 사려 깊지 않았으나 나중에 사려 깊게 된 사람은 이 세상을 밝혀준다, 구름에서 벗어난 달같이.

2 **rickety(= not solid) ≠ solid**

한때 튼튼하지 않던 브라질의 민주주의가 지금은 튼튼한 기반 위에 놓여 있다(= 튼튼하다).

3 **deviant(= not normal) ≠ normal**

한때 비정상적이라고 비판받던 어떤 관행들이 지금은 정상적인 것으로 간주되고 있다.

4 **a torture(= something he didn't love) ≠ something he loved**

배움은 그가 언제나 사랑했던 것이었는데, 지금은 매우 고통스러운 것이 되었다.

5 **breeze by(= do not work) ≠ work**

나는 전에는 학교에서 공부하지 않고 슬슬 지나갔으나, 지금은 공부를 해야 한다.

6 **losing her grip(= not cool) ≠ cool**

그녀는 평소에는 매우 침착했으나, 지금은 완전히 침착성을 잃고 있었다.

7 **ominous(= not friendly) ≠ friendly**
tone = chime

그 순간에 초인종이 울렸는데, 평소에 우호적이던 그 소리가 지금은 적대적이었다.

8 **ominous(= not propitious) ≠ propitious**

어떤 사람들은 검은 고양이의 출현이 길한 징조라고 믿고, 어떤 사람들은 불길한 징조라고 믿는다.

EXERCISE 54

1 **accusations ≠ praises**

모든 것을 요약해 볼 때, 사람은 자기 자신에 관해 말하면 언제나 손해를 본다. 왜냐하면 자기 자신을 비난하는 말을 하면 언제나 사람들이 믿고, 자기 자신을 칭찬하는 말을 하면 언제나 안 믿으니까 말이다.

2 **strive for = seek**

언제나 탁월함을 추구해야지, 언제나 완벽을 추구해서는 안 된다.

3 **kept pace = matured**

비록 우리는 신체적으로 그리고 지적으로는 성숙했었으나, 정서적으로는 성숙하지 않았었다.

4 **destitute = poor (poverty = destitution)**

비록 그는 노상 가난하다고 불평했으나, 그가 죽었을 때, 그는 결코 가난하지 않았던 것으로 밝혀졌다.

Most of what you worry about
never happens.
If so, why worry.
Just be happy!

Dwell on your problems
and they bring despair.
Consider your possibilities
and they provide hope.

All happiness is ultimately self-generated.
Qnly you can make yourself happy.
If you are unhappy, it is because you
have chosen to be.

READ

문장의 반은 읽지 않아도 되는 문맥 읽기 비법
『영어순해』 저자 김영로 선생의 30년 독해 비결을 담았다!

지금까지 이런 책은 없었다!

아무도 시도한 적이 없는 참신하고 과학적인 방법으로 영어라는 숲의 구조-영어 문맥-를 철저히 파헤쳐 준다.

촌철살인의 안목으로 뽑았다!

이책에 실린 700개의 예문들은 우리나라 사람들이 영어를 터득하기 위해 반드시 파악해야 할 중요사항들이 담겨 있는 귀중한 자료다. 예문 하나하나를 대할 때마다 영어를 보는 눈을 열어줄 열쇠로 생각하라.

독해 속도가 빨라진다!

예문 50개를 공부하면 영어의 문맥이 어떤 것인지 감이 잡히고
예문 100개를 익히면 영어에 대한 자신감이 생기기 시작한다.
예문 200개를 소화하면 영어 문맥의 구조가 훤히 보이기 시작하고
1장을 보고 나면 영어를 읽다가 모르는 말을 만나도 두렵지 않게 된다.
2장을 지나가면 아무리 어려운 문장을 만나도 막힘이 없어지고
3장을 마치고 나면 영어의 반은 읽지 않고 지나갈 수 있게 되어
독해 속도가 여러분이 상상도 할 수 없을 만큼 빨라질 것이다.